KB074293

캡스톤 연출

김두영, 정지호 지음

창조와 지식

캡스톤 연출

초판 1쇄 발행 2024년 2월 28일

지은이_ 김두영, 정지호
펴낸이_ 김동명
펴낸곳_ 도서출판 창조와 지식
디자인_ (주)북모아
인쇄처_ (주)북모아

출판등록번호_ 제2018-000027호
주소_ 서울특별시 강북구 덕릉로 144
전화_ 1644-1814
팩스_ 02-2275-8577

ISBN 979-11-6003-716-6(93680)
정가 18,000원

캡스톤 연출

차례

1장 연극연출

2장 작품선택

3장 배역선정

4장 작품분석

5장 연출계획

6장 연출의 실제

김두영

중앙대학교 연극학과에서 학사, 석사, 박사과정을 마치고, 경희대 · 인하대 · 중앙대에서 30여 년 후학양성에 진력하였다. 〈연극개론〉〈세계연극사〉〈한국연극사〉〈동양연극〉〈연출론〉〈제작실습〉〈연기실습〉 등 연극학과에 개설된 대부분의 과목을 강의하였다. 특히 동서양 연극사 연구를 바탕으로 한 극형식의 이해와 연극창작 지도는 '이론의 실제' '실제의 이론'을 인지하는 동인이 되었다는 평가를 받았다. 주요 논저로는 『연극-연극이란 무엇인가』(도서출판 수서원)를 비롯하여 〈가오싱젠(高行健)의 실험성〉(한국연극학 제16호), 〈사실주의와 비사실주의를 결합한 연출가 쉬샤오쭝(徐曉鐘)〉(한국연극2005, 2월호), 〈演劇演出課程及 創作〉(亞洲戲劇教育研究中心成立3周年紀念文集, 2007, 北京), 〈한국의 전통연극 송파 산대놀이〉(The 15th Tehran

International Ritual-Traditional Theater Festival seminar 논문 발표) 등이 있다. 연출 작품으로는 〈벚꽃동산〉(안톤체홉), 〈혜초 2006〉(김정숙), 〈황제 존스〉(유진 오닐), 〈유랑극단〉(이근삼), 〈유리동물원〉(테네스 윌리암스) 등 40여 편이 있으며, 〈배비장전〉(국립창극단 2014), 〈숙영낭자전〉(국립창극단 2014), 〈애들아, 용궁가자! 〉(인천시립극단 2013), 〈어린왕자〉(인천시립극단 2011) 등 공연 평론도 다수 있다. 현재 교직을 퇴임한 후, 극단 「중앙연극」 및 「미래연극연구소」 대표로서 연극창작 및 연구 활동에 전념하고 있다.

정지호

경희대학교 연극영화학과에서 학사를 중앙대학교 연극학과에서 석사를 하였다. 중앙대, 경희대에서 강의하였고, 현재는 동서울대학교 연기예술학과 부교수로 재직 중이다. 〈공연예술미학〉 〈연출론〉 〈대본분석의 이해와 실제〉 〈연극제작실습〉을 주로 강의하였다. 지난 10년간 대학에서 약 50여 편의 연극창작을 지도하였다. 기성연극과 차별화된 대학연극의 가치를 알리기 위해서 대한민국 대표 대학연극제 '젊은연극제'의 집행위원장으로 활동 중이다. 현장에서는 극단 〈다물(多勿)〉의 상임연출로써 2021년도 〈버스정류장〉(가오싱젠)을 시작으로 2022년도 〈세상을 편력하는 두 기사 이야기〉(베스야쿠미노루), 2023년도 〈불가불가〉(이현화), 2024년도 〈수업〉(외젠 이오네스코)로 이어지는 '세계부조리극 시리즈'를 기획 및 연출하면서 동·서양 부조리극의 동시대적 재발견에 힘써왔다.

이 책은 연극연출에 입문하려고 하는 초보연출을 위한 '연극연출 길잡이 책'이다. 그렇다고 독자의 층이나 범위를 특정하고 집필하지는 않았다. 본디부터 가지고 있는 연극의 성질을 언급할 때는 누구나 알고 싶어 하는 평범한 궁금증에서 벗어나지 않으려 했고, 연극창작 방법을 제시할 땐 현장의 상식과 원리를 잊지 않으려고 노력했다.

책 제목 '캡스톤 연출(Capstone Directing)'도 길잡이라는 교육적 사고가 담긴 경제용어 '캡스톤 디자인(Capstone Design)'을 변형시킨 말이다. 공학계열 학생들에게 산업현장에서 문제해결 능력을 길러주기 위해 졸업 논문 대신 작품의 기획, 설계, 완성에 이르기까지 제작의 전 과정을 경험하게 하는 교육과정이 '캡스톤 디자인'이다. 쉽게 풀이하면 '창의적 종합 설계' 정도로 이해하면 된다. 이를 '연극창작의 종합 설계'라는 말로 바꾸면 연극연출 작업 과정 그대로이다. 연극연출은 기획, 극작, 연기, 무대디자인, 조명디자인, 의상디자인, 음향디자인 더 나아가 관객과의 관계에 이르기까지 연극을 구성하는 모든 요소를 통합하고 조정하는 일이다. 대단히 포괄적이어서 그 임무와 기능을 명료하게 말하기도 쉽지 않다.

그래서 그런지 연출을 전공하고자 하는 학생이 그리 많지 않다. 아마도 우리나라에 개설된 70여 개의 공연예술계열 학과에서 연출전공자를 손꼽아 보면 아마도 대학 당 한두 명에 불과할 것이다. 그도 대부분이 배우 지망생이다. 교육과정도 배우양성 중심으로 편성되어 있다. 몇몇 연출전공이 개설된 대학에서조차 연기전공과 거의 흡사한 교육과정을 운영할 정도이다. 매 학기 연극제작 과목이 편성되어 운영되고는 있지만, 연출에 관한 기초 지식이나 훈련이 전혀 없는 연기전공 학생이 맡는 경우가 허다한 것도 숨길 수 없는 실상이다. 기초적인 연출역량이 없는 연출자에 의한 공연은 배우들에게도 막대한 지장을 가져올 수밖에 없다는 사실을 깊이 인식해야 한다. '캡스톤 연출'의 교육이 절실하다.

'캡스톤 연출'의 개념과 방식은 이 책의 두 저자가 의기투합한 결과물이다. 한 사람이 집필해도 충분한 내용과 분량이지만, 굳이 두 사람이 집필한 이유는 20여 년 동안 대학연극 제작 과정과 기성극단 연출현장에서 '연극창작의 종합 설계'를 함께 구상하고, 체험하고, 연구하고, 정리한 연극연출의 논리와 목적이 부합되었기 때문이다. 또 가르침과 배움은 서로 나아지게 한다는 사제지간의 교학상장(敎學相長)과 제자가 스승보다 나음을 이르는 청출어람(靑出於藍)의 철학을 공유하고 싶은 마음에서였다. 연출이란 무엇이고, 어떻게 수행해야 하고, 연출을 한다는 것이 얼마나 재밌으며, 연출가가 얼마나 멋진 직업인지를 이야기했던 사제(師弟)가 이 책을 함께 집필한 것이다. 아직도 23년 전 나누었던 사제지간의 밥상 이야기가 생생하게 기억된다.

「연출 콘셉트를 제출했던 자료에 도통 글은 없고 온통 낙서 같아 보이는 그림만 한가득 있었다. 당시 스승님은 논리도 예술도 없는 그 그림을 하나하나 짚어가면서 의도를 물어오셨다. 그것은 바로 관점에 관한 이야기였고, 연극으로 말하자면 주제에 관한 것이었다. “무엇을 말하고 싶은 거니? 어떻게 표현할 거야? 관객들은 어떻게 받아들일까?”」

공연을 창작하는 동안 수많은 대화를 나눴지만, 요약하면 이 세 문장뿐이었다. 이 세 문장은 희곡론, 배우론, 관객론, 무대론을 망라한 연출론을 함축하고 있었고,

이 거대한 연출론이 낙서 같아 보이는 그림에 담겨져있던 것이다. 사제지간인 이 책의 두 저자는 '캡스톤 연출'을 집필하면서 다시금 깨달았다.

두 저자는 각각 1980년대와 2000년대에 대학을 다녔고, 2010년대부터는 대학에서 강의하며 지금까지 함께 공연에 참여하면서 연출에 관한 방법론적 교과서를 갈망하였다. 첫 연출을 시도했을 때는 무엇을 어떻게 해야 할지 몰라서 갈망했고, 기성 연출가로 참여했을 때는 매너리즘에서 벗어날 방법이 없을까 해서 갈망했고, 학생들을 지도할 때는 체계적으로 정리된 교재가 없어 갈망했다. 과거에 비해 연출에 관한 전공 서적이 많이 출판되고 있긴 하지만, 연출을 처음 해보려는 대학생의 눈높이에 맞춘 적합한 실습형 교재는 많지 않았다. 그 갈망을 사제가 함께 해결한 셈이 되었다. 얼마나 감격스러운가.

'연출한다'는 말은 연극창작의 전 과정을 수행한다는 말이다. 또한 연극은 과정이 성숙 되어야 완성되는 과정의 예술이다. 연극의 모든 요소를 총체적으로 통합 조정하고, 조화를 이루어 창조해내는 과정의 예술인 것이다. 이러한 과정의 예술적 체계화를 수행하는 사람이 연출가이다. 따라서 연출가는 작품의 구상단계에서부터 완성에 이르기까지의 진행 과정을 세세하게 알고 있어야 한다. 동시에 예술적 표현 방법을 통제할 수 있는 원칙들을 이해하고 있어야 한다. 그래야 모든 참여자가 연출가를 신뢰하게 되고, 신뢰가 성립되어야 연출의 기능과 역할을 수행할 수 있게 되는 것이다.

이 책은 이러한 연출과정을 체계적으로 수행할 수 있도록 편성한 연출의 실천적 교과서이다. 연출의 본질을 다룬 연출론, 연습 전에 해야 할 일들을 제시한 방법론, 연습단계별로 수행해야 할 실행론을 그 내용으로 담고 있다. 물론 연출실행에 일정한 공식이 있는 것은 아니다. 이 책의 내용은 나타난 현상을 풀어가면서 지향하는 연출의 일반 매뉴얼(manual)일 뿐이다. 그래서 깊은 원리보다는 경험을, 무엇(What)을 보다는 어떻게(How)에 더 많은 생각을 치중하면서 저술하였다. 내용의 순서도 가능한 연출과정대로 편성하려고 노력하였다. 한 단원씩 이해해 가면 전체를 체험하듯이 섭렵하게 될 것이다.

이 책의 독자는 주로 연출을 전공하는 학생들이겠지만 배우들에게도 유용하게 활용되길 기대한다. 연출의 기능과 역할이 배우에게는 거울과도 같은 것이기 때문이다. 연극학과에 〈대본분석〉, 〈연출실습〉, 〈연극제작실습〉과 같은 연출 관련 과목이 개설되어 있다면 유용한 교과서가 될 수 있을 것이다. 아마추어 연출가들에게는 오아시스와 같은 책이 될 것이고, 기성 연출가에게는 연출적 매너리즘에서 벗어날 수 있는 청량제와 같은 책이 될 것이다. 그러나 깊이 있게 탐구할 만한 학술서는 아니다. '연출론은 곧 연극론이다'라는 격문을 잊지 않길 바란다.

2024년 02월 28일, 동서울대학교 연구실에서

1장

연극 연출

1. 연극이란 무엇인가?

'연극이란 무엇인가'를 가장 포괄적으로 정의한 말은『연극 개론』(이근삼 저) 제Ⅰ장 첫 문장에 제시하고 있는 "연극은 인류의 역사와 더불어 시작된 예술이며, 인류의 가장 위대한 유산 중의 하나라는 말을 한다." 일 것이다. 연극개론의 서두이지만 연극이 무엇인지를 한 문장으로 명료하게 정의한 명언이다. 그래서 강의내용으로 자주 인용하는 말이기도 하다. 또 "연극은 사람 수만큼 존재한다."(2007년 3월 24일 중앙일보 기사)는 기사를 읽은 적이 있다. 한 사람 한 사람 삶의 이야기가 모두 연극, 즉 전 인류의 삶 하나하나가 모두 연극이 된다는 비유적인 정의로써 충분히 공감할 만한 말이다. 더 나아가 미국의 공연학자 리차드 쉐크너(Richard Schechner)는 "일상은 연극이고, 연극은 일상의 연속이다"라는 말로 연극을 보다 확장된 개념으로 설명한다. 소위 공연학적 정의이다. 쉐크너는 "첫째, 존재하는 것 자체가 공연이다. 둘째, 무엇인가를 몸소 행하는 것이 공연이다. 셋째, 무엇인가를 보여주는 것이 공연이다. 넷째, 무엇인가를 행하는 것, 무엇인가를 보여주는 것을 설명하는 것도 공연이다."라고 말함으로써 공연의 가능성과 범주를 아예 획정하지 않았다. 공연의 스펙트럼이 그만큼 넓다. 현대 연극의 경향이 여기까지 와 있고, 또 어디까지 진화할지 모른다. 셰크너의 공연학에서 다루고 있는 공연의 범주를 보면 흔히 알고 있는 연극, 음악, 무용, 오페라, 인형극, 뮤지컬 등 '미학적 장르'로부터 영화, TV, 라디오, 인터넷과 같은 '미디어 예술', 기존의 틀과 장르에서 벗어나 독특한 주제 의식과 이야기 전달 방식으로 관객들에게 새로운 공연 형태를 보여주는 퍼포먼스(performance), 선거와 같은 정치행사, 각종 문화행사, 특별행사(event), 그리고 기념식, 시상식, 결혼식, 장례식과 같은 의례적인 행사에 이르기까지 인간이 행하는 모든 삶의 양상 자체를 포함하고 있음을 알 수 있다. 연극의 범주가 얼마나 넓은가를 말해주는 것이기도 하고, 얼마나 철학적인가도 명징한 정의이기도 하다. 더불어 인간의 진화와 함께 미래연극은 어떤 형상으로 나타날지도 매우 흥미롭고 궁금하다. 미래연극은 필연적으로 AI(Artificial Intelligence)에 의한 사이버 세계와 만날 것이다. 현재까지의 연극을 시·공간을 활용한 3, 4차원의 연극이라고 한다면, 5차원, 6차원, 7차원 아니 그 이상의 연극도 어떤 형식으로든 나타날 것이다. 언제쯤 나타날 수 있을까. 연극의 본질과 원형은 그대로 남아있기는 할까.

아직은 망상에 지나지 않지만, 미국 브로드웨이 민스코프 극장(Minskoff Theatre)에서 27년째 공연되고 있는 뮤지컬〈라이온 킹〉을 한국의 한 가정 거실에서 실제 공연 그대로를 실시간 전송받아 관람할 수 있다고 가정해 보자. 민스코프 극장의 한 객석에 앉아 있는 그대로 말이다. 물론 좌석도 예약한 대로 R석, S석, 일반석으로 주어지고, 좌석 위치에 따라 무대를 바라보는 시각선(sight line)도 다를 것이다. 무대 위에서 연기하는 배우와 관객 간의 교감도 실제 그대로이고, 더 나아가 극장의 작은 소음이나 냄새까지도 전송되어 관객의 오감을 자극하는 느낌도 그대로인 공연 현장의 모두를 생생하게 경험하는 것이다. 꿈 같은 황당한 가설이지만 어떤 형식으로든 상상할 수 없는 공연의 세계로 진화할 것임은 분명하다. 그쯤 되면 아마도 연극의 본질과 원형 그리고 미학—현재성과 현장성—의 정의도 바뀌지 않을까. 또 연극의 대량 복제도 가능하게 되어 무한대의 수익 창출도 가능해지지 않을까. 꿈같은 이야기지만 젊은 연극학도들은 이러한 미래 연극에 대비해야 한다. 무엇을 어떻게 대비해야 할까. 두말할 나위 없이 연극이 우리 인간의 삶 속에 왜 꼭 있어야 하며, 없어서는 안 될 만큼 중요한 것인가를 우선 인식해야 할 것이다. 그리고 4차산업을 넘어 '5차산업과 연극의 진화'를 탐구해야 한다. 우선 '연극이란 무엇인가'를 전제로 정리되 있는 열두 개의 연극 개념과 연극연구자들에 의한 말들, 연극사 속에 내재 되어있는 연극의 두 가지 이념, 연극을 이루는 4요소를 덧붙여 설명하겠다.

모든 연극사에 가장 먼저 정리되는 연극의 발생설로써, 원시인들의 삶의 양상 속에서 자연스럽게 생성된 이른바 '제의설(Ritual)' '모방설(Mimesis)' '놀이설(Play)' '노동설(Work)'을 말하며, 이 책에서도 가장 먼저 언급하는 연극의 정의이다.

제의설

인간은 본능적으로 제의적 관습을 갖고 있다. 원시인들은 절대자나 신(神)과 교감하고자 하는 의사소통(communication)의 형식으로 춤을 추고, 주문을 외우고, 노래를 불렀다. 오늘날의 축제나 제사 의식과 다르지 않았을 것이다. 그럼으로써 신과 합치되는 황홀경(ecstasy)의 경지를 체험하고 집단 사이의 일체감을 이루고자 했을 것이다.

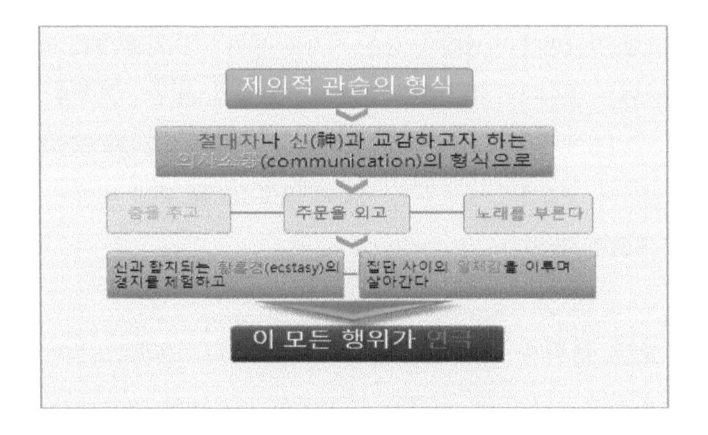

또 전쟁에 나가기 전 전사들의 사기를 북돋기 위해서 혹은 이기고 돌아왔을 때 승리의 기쁨을 춤과 노래로 표현했을 것이다. 또한 원시인들은 의식(衣食)을 해결하기 위해 야수들을 사냥해야 했다. 당연히 야수들에 대한 공포감을 해소하기 위한 어떤 의식을 행했을 것이고, 사냥 방법을 재현하면서 야수들의 울음소리와 몸짓을 흉내 냈을 것이다.

이러한 상황을 미국의 무대장치가 로버트 에드몬드 존스(Robert

Edmond Jones)가 그의 저서 〈극적 상상력〉(Dramatic Imagination, 1941)에서 다음과 같이 실감이 나게 상상한 것을 보면 무대상의 한 장면이 자연스럽게 떠오른다.

「한밤중, 모닥불이 벌겋게 타오르고 있다. 사방을 사로잡는 어둠과 정적. 들려오는 야수의 울음소리. 사람들은 정신을 바싹 차리고 점점 꺼져가는 모닥불을 감싸듯 서로의 몸을 밀착하여 기대어 앉아 있다. 또다시 들려오는 야수의 울음소리. 모두의 용기를 북돋우려는 듯, 한 사나이가 사냥에서 잡은 사자의 이야기를 지껄인다. 어느덧 사나이는 일어나서 몸짓을 섞어가며, 갓 벗긴 사자의 가죽을 곁에 있는 사람에게 씌우고는 잡을 때의 모습을 몸짓으로 재현한다. 둘러앉아서 구경하던 사람들도 사자의 울음소리를 흉내 내면서 저마다 으르렁 거린다…」

이 모든 행위가 의식이고 연극적 행위이다. 물론 오늘날 연극과 같이 전문 극작가가 쓴 작품을 극장이라는 특별한 공간에서 잘 훈련된 배우에 의해 세련되고 복잡한 구조의 연극은 아니지만, 몸짓과 말로서 이야기를 묘사하고 표현하여 구경하는 사람에게 즐거움을 주려는 정서적 욕구가 충만해 있다는 점은 오늘날의 연극과 전혀 다르지 않다. 그냥 그대로 연극이 아닌가. 그래서 '연극은 제의이다!(Theatre is Ritual!)'

모방본능설

인간은 스스로 모방하고자 하는 본능과 모방 된 것을 통해 쾌감을 느낄 줄 아는 본능이 있다. 아리스토텔레스(Aristoteles)는 〈시학(詩學)〉을 통해서 "인간은 태어나면서부터 모방 된 행위로부터 본능적으로 쾌감(快感 기쁨)을 느낀다."고 모방을 인간본능의 양상으로 설명하면서 "연극은 진지하고 장엄한 행위의 모방"이라고 연극의 모방본능설을 제기하였다. 모방의 원초적인 대상은 '자연'이다. 즉 자연을 본받아 창조적으로 모방함으로써 자연보다 돋보이는 이상적인 것을 탄생시키는 것이다. 연극도 자연 속에 존재하는 인간의 삶의 양상을 창조적으로 모방하여 극적으로 표현한다. 아이들의 소꿉놀이를 예로 들어보자. 아마도 모방본능뿐만 아니라 놀이본능도 더불어 이해하게 되고 나아가 '연극이란 무엇인가?'도 알게 되는 일석삼조의 예가 될 것이다.

「남자아이와 여자아이 두 명이 소꿉놀이하면 자연스럽게 남자아이는 아빠, 여자아이는 엄마가 되어 놀이를 전개한다. 세 명이 놀게 되면 가장 어린아이는 아가가 된다. 네 명이 놀게 되면 엄마, 아빠, 아가, 그리고 형이 된다. 다섯 명이 놀 땐 그중 한 명은 슈퍼 아저씨나 아줌마가 되는데, 절묘하게도 슈퍼 아저씨나 슈퍼 아줌마 분위기가 나는 아이가 역할을 맡는다. 소위 배역선정(casting)이 완벽하게 이뤄진다. 놀이기구는 거의 갖춰져 있다. 아빠 역할을 맡은 아이는 방에서 신문을 보고 있고, 엄마 역할을 맡은 아이는 아침상을 차려 아빠 역을 맡은 아이에게 "진지 잡수세요. 달래와 냉이를 넣고 된장국을

끓였는데 향이 어찌나 좋은지---드셔보세요. 다 드시면 상은 부엌에 갖다 놓으세요. 설거지는 슈퍼에 갔다 와서 내가 할게요." 하면서 약간 떨어져 있는 슈퍼에 간다. 슈퍼 아줌마와 흥정한다. "**엄마**: 야채가 왜 이렇게 올랐어요? **수퍼 아줌마**: 장마 때문에 그래요. **엄마**: 고추하고 깻잎도 좀 주세요. 얼마죠? **수퍼 아줌마**: 오천 원이에요. **엄마**: 좀 깎아주세요. **수퍼 아줌마**: 안 돼요. 남는 게 없어요." 시장바구니에 여러 가지 야채(실제로 엄마가 다듬으면서 버린 배추잎 등이거나 풀잎이다)를 한 가득 사 가지고 집으로 온다. 집에 와서 남편에게 "아이구, 배추가 얼마나 비싼지 금치에요. 금치! 돈 쓸 거 없어요. 이번 달 월급 다 써버렸지 뭐예요.」

하면서 재밌게 소꿉놀이한다. 실제의 엄마 아빠 삶의 양상을 모방한 것이다. 어떤 때는 놀다가 서로 싸우고 "너랑 절대 안 놀아!" 하고 결별을 선언하기도 한다. 어른들이 이혼할 때 벌어지는 사건과도 매우 흡사하다. 이 상황을 그대로 극장의 무대로 옮겨서 놀게 하고, 우리가 객석에 앉아 구경한다면 영락없는 어린이연극 그 자체이다. 그리고 더없이 재미있을 것이다. 어른들의 삶의 양상을 모방하여 아이들의 삶의 양상인 소꿉놀이가 된 것이다. 성인들의 연극도 모방의 형식은 똑같다.

놀이본능

사람이 태어나서 본격적이고 구체적인 첫 번째 놀이는 소꿉놀이일 것이다. 놀이의 연극성, 연극의 놀이성은 연극과 놀이를 동시에 설명하는 가장 구체적이고 원초적인 기재이다. 역사학자이면서 문화인류학자인 네덜란드의 요한 호이징하(Johan Huizinga)는 놀이의 전범처럼 여기는 명저 〈놀이하는 인간(Homo Ludens)〉에서 놀이의 본질, 형식, 가치, 목적을 근원적으로 규명한 다음 "인간은 놀이하는 존재다."라고 결론을 맺는다. 또 인간은 본능적으로 가상적 놀이(유희)를 좋아한다고 설명한다. 여기서 가상적 놀이는 곧 연극본능을 말한다. 연극은 인간 정신에 내재한 놀이충동에서 비롯된 것이다. 따라서 놀이는 인간이 갖고 있는 것 중에서 가장 뚜렷한 연극적 현상 중의 하나이다. 사실 연극 속에 놀이성이 없다면 연극은 존재할 수 없을 것이다. '연극'이라는 뜻을 갖은 고대영어 'play'는 '놀이하다'와 '연극하다'라는 두 의미를 지닌 말로서 연극의 '놀이성'에서 비롯된 말이다. 독일에서도 '연극'이라는 말로 theater 외에 schauspiel('구경하다'의 schau와 '놀이'의 spiel)이라는 말을 사용한다. 즉 '구경하다'와 '놀이'의 합성어로서 '구경하는 놀이'란 뜻이다. 역시 연극의 놀이성을 내포하고 있는 말이다. 우리나라, 중국, 일본에서 사용하고 있는 한자말 '樂(악)'도 '음악'이라는 뜻과 함께 '즐기다'는 뜻과 함께 '연극' 혹은 '공연'이라는 의미를 함께 내포하고 있다. 고대연극인 기악(伎樂)=광대연극, 산악(散樂)=서민연극, 서역악(西域樂)=고대 서양연극, 고구려악(高麗樂)=고구려연극, 신라악(新羅樂)=신라연극 등으로 직역되는바, 樂은 곧 연극예술(theatrical arts) 또는 공연예술(performing arts)로 이해해도 상관없다. 우리나라 전통연극에서 '산대놀이', '꼭두각시놀음'에서 '놀이'를 원형적으로 사용하고 있는 것도 마찬가지이다. 놀이는 곧 연극이고, 연극은 곧 놀이기 때문에 놀이성이 결여된 연극은 결국 알맹이 없는 빈 껍데기에 불과한 공허한 공연이 되고 말 것이다.

노동본능

노래와 춤을 통해 협동력을 배양하여 일의 능률을 올리고 고통을 덜기 위한 행위도 노동으로부터의 복원되는 행위로써 충분한 연극 발생설이 된다. 한국연극의 기원으로 보고 있는 부족 국가의 제천의식은 모두 농경사회의 노동을 바탕으로 한 의식들로써 노동설로부터 비롯되었다고 볼 수 있다. 어떤 학자는 노동설이야말로 가장 분명한 연극의 발생설이라고 주장하기도 한다. 특히 북한에서 발행되어 남한에서도 출판된 한효(한효)의 『조선연극사 개요』와 권택무(권택무)의『조선민간극』을 보면 한국연극의 발생을 인민의 노동에 기원을 두고 있음을 쉽게 찾아볼 수 있다. 『조선연극사 개요』에 언급 되어있는 예술의 기원을 보면 "예술의 기원에 관한 모든 관념론적이며 형이상학적인 리론과는 반대로 맑스-레닌주의는 어디까지나 예술의 기원을 사회생활 자체에서 찾는다."고 했다. 연극의 기원 또한 사회주의 사상을 전제로 한 사회의 사실성(reality)임을 강조한 언급이다.

'연극이란 무엇인가?'의 필연적인 답은 지금까지 설명한 네 가지 본능적 요소를 설명하는 일이 될 것이고, 이를 어떻게 무대화했는가가 공연형식이 될 것이다. 실제로 모든 나라나 민족의 연극 초기현상을 탐구해 보면 거의 유사한 형태로 나타났음을 알 수 있다. 대부분 제의적 가무(歌舞)가 모방과 놀이 형태로 되어있다. 연극의 발생은 누가 특별히 창조해낸 것이 아니라 인간의 본능으로부터 비롯된 자연 발생적 예술이기 때문이다.

지금까지 말한 네 개의 연극 발생설은 각각 독립되어있는 설이 아니라 서로 관련되어 하나의 형식으로 이루어지는 본능적인 행위들이다. 예를 들어 원시인들이 자기 확장을 위해 신이나 절대자와 소통하길 바라는 행위로써 춤추고, 노래하고, 주문을 외우면서 의식을 거행했다고 하면, 그 과정과 내용 속에 모방과 놀이와 노동의 본능적 요소가 상호작용하면서 어떤 목적과 함께 연극이 생성되었을 것이고, 모방본능 속에도 제의, 놀이, 노동의 본능이 작용하고, 놀이본능이나 노동본능 속에도 제의나 모방본능이 원초적으로 작용함으로써 연극이 생성된 것이다.

그러나 오늘날 연극을 정의하는 용어들—행위예술, 순간예술, 연극(가상)예술, 배우예술, 극장예술, 집단예술(공동체예술), 과정예술, 종합예술 등—을 보면 인류의 역사와 더불어 시작된 연극예술이 얼마나 많은 창조적 과정을 거쳤는지, 또 얼마나 많은 문화 현상들이 개입되어 있는지 꿰뚫어 볼 수 있다. 또한 그 과정과 현상 속에서 얼마나 많은 것들이 파괴되고, 새롭게 생성되었는지도 가늠해 볼 수 있다.

행위예술

아리스토텔레스(Aristoteles)는 『시학』에서 "연극은 진지하고 장엄한 인간 행위의 모방"이라고 정의하면서 그 표현 방법은 "서술로써가 아닌 행위로 나타내야 하며" 목적은 "카타르시스(catharsis)에 있다"고 했다. 여기서 '행위(行爲)'는 움직임이나 몸짓, 표정뿐만 아니라 삶의 양상 즉 인간 됨됨이를 규정하는 감정, 사고, 행동까지를 포함한 정신적 혹은 지적인 삶까지를 의미한다. '삶의 양상'을 넣어 정리하면 아리스토텔레스가 말한 연극의 정의는 '연극은 진지하고 장엄한 인간의 삶의 양상(인간 됨됨이를 규정하는 감정, 사고, 행동까지를 포함한 정신적 혹은 지적인 삶)의 모방'이 된다. 앞서 놀이본능에서 예로 들었던 소꿉놀이도 아이들이 어른들의 삶의 양상을 모방한 놀이이다. 행위를 좀 더 설명하면 행위는 '의식적으로 이루어지는 행동, 즉 도덕적, 윤리적, 심미적 기준 또는 원리에 의하여 이루어지는 행동'을 말한다. 동물들처럼 자극에 의한 반사적, 본능적, 무의식적으로 반응하는 몸짓과는 전혀 다른 것이다. 그래서 '인간 행위'라는 말은 성립되지만 '개의 행위'나 '고양이의 행위'는 있을 수 없는 말이다. 동물들에게는 '행위'란 말을 붙이지 않는 것이다. 그런데 혹자는 '행위(行爲)'와 '행동(行動)'을 혼돈하여 사용하는 경우가 있는데, 내 · 외적으로 미묘한 차이가 있는 만큼 단순한 외적인 움직임(행동)과 그 외적인 움직임을 포함한 삶의 양상을 의미하는 내적인 움직임(행위)을 구분하여 사용할 필요가 있다. 연극의 본질은 행위의 모방이다. 즉 인간의 의지 혹은 의도된 행위를 무대라는 공간에 표현하는 행위예술이 바로 연극이다.

순간예술

연극의 진정한 가치는 공연을 통해서 관객이 생생한 현재의 인물, 현재의 사건으로 받아들이도록 하는 것이다. 무대에서 전개되는 사건과 그 속의 인물들은 그 순간의 사건이고, 그 순간의 인물이라고 인식하는 것이다. 이를 '연극의 현재성'이라고 한다. 또 사건이 전개되는 장소도 현재의 사건 그 장소라고 인식하는 것이다. '연극의 현장성'이다. 공연되는 현장에서 직접적으로 메시지를 전달함과 동시에 그 반응이 무대에 즉각 반영되는 특성이 연극이다. 이같이 연극은 공연되는 순간에만 존재하는 '순간예술'인 것이다. 이를 '일회성 예술'이라고도 한다. 바로 연극은 무대 위에서 보이는 행위의 순간이 첫 순간이고, 마지막 순간이며, 유일한 순간이다. 이 얼마나 소중한 행위의 순간인가. 연극을 어떻게 규정하고 어떻게 접근해야 하며, 어떻게 만들 것인가를 말해주는 천명과도 같은 말이다. 따라서 연극의 현재성과 현장성, 그리고 순간성은 연극미학의 근원이기도 하다.

가상예술

연극미학의 항 영역인 '연극성'과 상통하는 연극예술용어이다. 연극은 원초적으로 비사실적이지만 사실성으로 인식하는 정반합(正反合)의 예술이다. 표현상으로는 극단적 사실과 극단적 비사실 사이에 존재한다. 물론 어느 경우 양극단의 표현도 가능하지만 큰 틀에서는 극단적 사실과 극단적 비사실 사이에 존재한다. 예를 들어 극단적 사실은 공연 중 사람이 죽는 장면이 있으면 진짜로 죽어야 한다. 그러나 실제로 그렇게 표현될 수 없기 때문에, 그것이 바로 가상의 표현, 즉 연극성이다. 연극의 이론과 양식은 수천 년 동안 형식의 변화를 거듭해오면서 오늘에 이르렀다. 따라서 연극성은 극적 관습(dramatic convention)이 전제 될 때 비로소 성립된다. 진짜로 죽을 수 없기 때문에 배우가 연기형태로 표현한다는 걸 관객은 이미 알고 관극하는 것이다. 극적 아이러니(dramatic irony)도 같은 맥락이다. 셰익스피어(Shakespeare) 작품에 자주 나오는 방백이 극적 아이러니의 좋은 예이다. 방백은 두 가지 형식이 있는데, 그 하나는 관객은 알아듣고 있으나 무대 위의 다른 등장인물(배우)은 들리지 않는 것으로 약속한 형식이고, 다른 하나는 무대 위의 여러 등장인물 중 일부만 알아듣게 하는 형식이다. 연극의 원초적인 가상성 때문에 가능한 것이다. 이 '가상성(pretense)'을 원리로 삼아 주창한 연극주의(theatricalism) 극형식을 설명한 사람이 미국의 극작가 손턴 와일더(Thornton Wilder)이다.

손턴 와일더의 연극주의 작품 〈우리 읍내〉 첫 장면을 보면, 텅 빈 무대에 무대감독이 나와 다음과 같이 말한다.

「그럼 우리 읍내의 지리부터 알아볼까요? 여기가 (뒷벽과 병행하여) 행길입니다. 행길 뒤쪽에 기차역이 있고, 철길은 저쪽으로 나있습니다. ---(생략)--- 여기가 식품점이고, 이쪽이 모오건 잡화상입니다. 누구나 하루에 한 번은 식품점이나 잡화상에 들리게 됩니다. 초등학교는 저쪽에 있고, 고등학교는 훨씬 더 저쪽이고요. 매일 아침 9시

15분과 점심시간, 그리고 오후 세 시가 되면 웰통 운동장에서 애들이 떠드는 소리가 들려옵니다. (그는 바른쪽 앞 무대의 테이블과 의자 있는 데로 가까이 간다.) 여긴 깁스 의사 선생님 댁입니다. 이게 뒷문입니다.(이때 무대 뒤에서 포도 넝쿨과 꽃으로 덮인 아이의 모양의 창살문을 양쪽 프로시니엄 기둥 옆으로 하나씩 밀어 내놓는다) 장치가 꼭 있어야 되겠다고 생각하시는 분은 이걸 장치라고 생각하십시오. 여긴 깁스 부인의 텃밭입니다. 옥수수랑 완두콩이랑 밤콩이랑 접시꽃--- 그리고 우엉이 한창이네요.」

아무것도 없는 텅 빈 무대지만 관객은 무대감독의 설명대로 행길, 기차역, 식품점, 잡화상, 깁스 의사 댁, 텃밭의 옥수수, 완두콩, 밤콩, 접시꽃, 우엉이 한창인 걸 인식하고 장면을 상상한다. 이것이 '연극성'이고 '연극주의'이다.

손턴 와일더는 이러한 연극의 가상성을 외교관이었던 아버지를 따라 중국에 체류하면서 중국의 전통 연극인 경극(京劇)을 보면서 깨우쳤다고 한다. 경극은 일정한 형식에 따라 공연해야 하는 '정식성(程式性)'이라고 하는 공연형식이 있는데 뛰어난 연극성(가상성)으로 형성되어있다. 정식성과 유사하게 사용되고 있는 일본연극의 '가타(型)'도 있다. 일본의 전통 연극 노(能)나 가부키(歌舞伎), 인형극인 분라쿠(文樂)의 연극성은 상상을 초월하는 수준 높은 형식으로써 현대연극의 소스(source)가 되어 많은 연극인들이 원용하기도 했다.

배우예술

셰익스피어는 〈뜻대로 하세요(As you like it)〉에서 "세상은 무대요, 인간은 배우다"라고 인생을 연극과 비유하면서 연극이 배우 중심 예술임을 규정하기도 했다. '연극은 배우예술이다'는 이론의 여지가 없다. 그리스 초기의 배우는 합창단(chorus)으로부터 생겨났다. 합창단의 기능과 역할 중에 핵심적인 것이 이상적인 관객의 역할이었다. 즉 배우의 임무는 관객으로부터 부여받았다는 것이 원초적인 설명이다. 우리 민속극의 배우(연희자)의 기능과 역할을 보면 훨씬 구체적이다. 『한국연극』에서 서연호 교수는 "한국민속극의 연희자는 관중의 한 사람으로 등장해서, 관중과 함께 연희하고, 관중의 한 사람으로서 관중 속으로 퇴장하는 형식이다."라고 한국민속극의 극형식을 정의한다. 배우는 관객에 의한, 관객을 위한 존재이다. "연극은 인간 구원을 위한 기도이며 배우는 하나의 사제이다" 라고 배우를 사제와 비유한 사람도 있다. 그리스 작품에서 배우에게 왕이나 사제의 역할을 수행하도록 한 것은 배우의 위상이 그만큼 높았기 때문이다. 일본에서도 야쿠샤(役者; 배우)란 말이 신사제례(神事祭禮)에서 특별한 역(役)을 수행한 자로부터 비롯되었다는 실례를 보면 연극의 본질이 무엇인가를 알 수 있고 배우가 어떤 존재인지를 알 수 있다. 이처럼 동서고금을 막론하고 배우는 연극의 제1요소로서 인간의 삶의 양상을 가장 치열하게 재현하고 제시함으로써 그 숭고함을 구현하고자 했던것이다.

배우예술의 소재는 배우 자신의 모든 것이다. 즉 배우의 육체와 정신에 해당되는 모든 인간적 현상들이 소재가 된다. 따라서 배우는 소재가 되는 모든 요소를 끊임없이 갈고닦아야 한다. 그래서 배우와 배우 자신의 심신과의 관계는 음악가와 악기와의 관계, 혹은 화가와 캔버스, 물감, 붓과의 관계와 같다고 비유할 수 있다. 배우는 배우 자신이 예술가이면서 신체와 정신이 소재이고, 신체와 정신을 소재로 창작한 작품이 곧 배우예술이기 때문이다.

극장예술

극장은 배우가 연기하는 장소이기 때문에 연극의 핵심 요소 중의 하나이다. 그래서 연극의 양식을 규정하는 핵심은 공연장소(극장)의 형태와 관련이 있다고 해도 지나치지 않다. 무대의 형태, 크기, 배우들이 등·퇴장하는 통로, 관객과의 거리와 시각선 등 무대의 조건에 따라 공연의 형식이 달라지기 때문이다. 연극 창작자가 가장 먼저 파악해야 하는 것도 모두 이 때문이다. 심지어는 극장이 위치한 지역에 따라 같은 작품이라도 분위기가 완전히 다르게 느껴지기도 한다. 예를 들어 대학로에 위치한 극장에서 연극을 관람하는 것과 다른 지역의 극장에서 관람하는 것은 마음가짐이나 기분, 그리고 관람 태도에서 상당히 다름을 경험할 수 있다. 기본적으로는 프로시니엄 아치로 무대와 객석을 구분하여 안쪽에 상자(box)형의 구조로 되어 있는 프로시니엄 무대(proscenium arch stage), 무대의 세면을 객석으로 둘러싸여 있는 돌출무대(thrust stage), 그리고 네 면 모두 객석인 원형무대(arena stage; theatre in the round; open stage)가 있다. 물론 이러한 구조를 작품의 요구에 따라 변형 가능한 가변형 무대(flexible stage)도 있다. 프로시니엄 무대는 시각선이 고정되어 있어 집중력과 통일성을 지향할 수 있는 사실성 있는 공연을 연출하기에 유리하다. 돌출무대는 관객과 가까운 거리에서 친밀감 있는 공연을 연출하기 좋은 무대이지만, 배우의 움직임 및 등·퇴장이 불편하고, 무대장치 및 조명을 설치하는데 다소 어려움이 있어서, 공간의 이해를 통한 연출력이 요구되는 무대이다. 원형무대는 우리나라의 민속극의 무대인 마당과 같은 형태로써 관객과 일체감을 이루는 공연 효과를 거둘 수 있으나 돌출무대보다 훨씬 더 열려 있어 배우의 움직임과 무대장치 및 조명의 설치에 특별한 연출이 필요하다는 장단점이 있다. 즉 돌출무대와 원형무대는 강조의 중요한 수단인 몸의 방향(시선)이 무의미해진다. 일부 관객에게 정면으로 향해 있어도 반대쪽에 있는 관객에게는 등을 돌리고 있는 형상이기 때문이다. 연기구역(acting area)의 효력이나 효과적인 시각화(무대그림)를 제공할 수 없는 단점이 있다. 그러나 단점을 장점화 했을 때는 더없이 훌륭한 공연을 만들 수도 있다. 뇌 과학자 정재승 교수에 의하면 "뇌를 가장 강력하게 자극하는 것 중의 하나가 공간"이라고 한다. 그렇다면 관객을 가장 강력하게 자극하는 요인은 공간을 장악하고 확장하는 공간 지배 능력이 될 것이다. 연극예술과 극장예술이 다름 아님을 쉽게 깨달을 수 있다.

집단예술(공동체 예술)

연극은 집단예술이다. 연극을 창작하기 위해서는 이야기를 쓰는 사람, 연출하는 사람, 무대를 감독하는 사람, 장치를 디자인하고 만드는 사람, 연기를 수행하는 사람, 소도구를 제작하는 사람, 채색을 하는 사람, 조명을 담당하는 사람, 의상을 디자인하는 사람, 그 의상을 만드는 사람, 음악 및 음향을 만들어내는 사람, 노래하는 사람, 안무하는 사람, 춤추는 사람, 또는 인쇄물을 디자인하는 사람, 연극을 홍보하는 사람, 좌석을 지정하고 안내하는 사람에 이르기까지 참으로 많은 사람이 참여함으로써 완성되는 집단예술인 것이다. 또한 이 많은 사람의 작업이 통합되고 조정되는 시간과 과정을 유기적으로 통합해야 하는 공동체 예술인 것이다. 따라서 공연에 참여하는 모든 사람이 자신들이 만들고자 하는 극의 공통된 목표를 이해하고, 그 공통된 목표를 향하여 준비하고, 훈련하고, 행동해야 하는 것이다. 그렇게 되기 위해서는 창작과정에서 왜 이 작품을 공연하느냐 하는 문제로부터 극본의 내용, 역의 해석, 연기하는 방법, 디자인의 컨셉 등에 관해 다방면으로 서로 의논하고 토론해야 한다. 이러한 일을 수행하는 사람이 연출가이다. 연출가의 기능과 역할은 '소목차 4'에서 자세히 다루겠지만 연출가의 중요한 기능과 역할 중의 하나가 '리더로서의 기능과 역할'이다. 연출가는 다양한 분야의 창작진을 통합시킬 수 있는 뛰어난 통솔력과 훌륭한 지도력이 있어야 한다. 리더십을 발휘하기 위해서는 몸과 마음을 기르고 닦음으로써 인격을 갖추어야 하고, 참여자들에 대한 믿음과 애정을 갖고 있어야 한다.

연출론에 보면 연출가는 운동경기의 팀을 지도하는 코치, 합창단 또는 오케스트라를 지휘하는 지휘자, 망망대해를 운행하는 배의 선장과 같은 책임감과 지도력을 갖고 있어야 한다고 강조한다. 현대적 개념의 연출가가 탄생한 계기는 앙상블을 위한 제작 전반에 걸친 완전한 지휘권과 치밀한 연습 때문이었다고 한다. 독일의 한 소왕국의 군주였던 삭스-마이닝겐 공작(Duke of Saxe-Meiningen) 게오르그 2세(Georg II)가 그 효시이다. 이후 많은 연출가들 ―스타니슬라브스키(Stanislavsky), 바그너 (Wagner), 아피아(Appia), 크레이그(Craig), 라인하르트(Reinhardt), 우리나라 초기의 연출가 홍해성, 이해랑, 이진순, 임영웅 등―이 마이닝겐 공작의 완전한 지휘권을 갖고 치밀한 연습을 수행하는 연출 방법을 추종했다. 모두 앙상블을 추구하고자 한 연출관 때문이었다. 연극창조의 중심은 연출가라는 개념과 연극창조의 중심은 배우라는 두 개념이 있지만 어느 개념이든 극단적인 방법은 바람직한 연출이 아니다. 좋은 연극의 이면에는 늘 집단예술의 특성을 살려 공동창작적인 작업 형태를 취했다는 사실을 간과해서 안 될 것이다. 연극창작의 궁극적인 목적은 다양성 속의 통일성, 통일성 속의 다양성을 추구하는데 있다. 그래야 집단예술의 특장을 극대화 할 수 있다.

과정예술

연극은 시작과 함께 배워가면서 완성해가는 과정의 예술이다. 구조 자체가 시작과 중간과 끝이 있는 과정의 예술이고, 짧은 시간에 완성시킬 수 없는 성장형 예술이다. 배우의 역할수행도 인물을 분석하고, 이해하고, 연습하고, 표현하는 과정에서 자신도 모르게 성장하고 완성되는 예술인 것이다. 따라서 연출가는 요구하고 지시한 즉시 수정되고 완성되길 바라면 안 된다.

연습 시간은 보통 장막극의 경우, 총 시수로 최소한 180~240시간은 가져야 한다. 따라서 하루에 4시간씩 연습하면 45일~60일, 3시간 밖에 할 수 없을 경우에는 60~80일 정도는 숙성되는 시간, 즉 연습 과정을 가져야 한다.

연습과정 단계는 사전제작 단계(preproduction)—대본 읽기 및 분석 · 연구(reading & analysis · research) 단계—움직임(movement) 단계—세부묘사(detail) 단계—마무리(polish) 단계—공연(performing) 단계로 구분할 수 있다. 따라서 연극작품은 예술적 완성도 못지않게 제작과정 또한 중요한 평가 기준이 된다.

종합예술

오스카. G. 브로케트는 〈연극개론(The Theatre an Introduction)〉에서 "연극이 예술임을 알자."로부터 연극이 무엇인지를 설명한다. '예술'이란 말은 한자로 '藝(재주 예, 기예 예), 術(재주 술, 기교 술)'이고 영어로는 'art(기술)'이다. 사전적 의미로는 "인간의 아름다움을 추구하는 창조적 행위"이고, 좀 더 넓게 풀이하면 "인간의 의지로 만드는(창조하는) 기술 능력"이라는 뜻을 갖고 있다. 이런 점에서 연극은 예술임이 분명하지만, 연극이 품고 있는 예술은 생각보다 훨씬 깊고 다양하고 복잡하다. 우선 여러 예술들의 본질적인 재료가 무엇인지를 살펴보고, 연극예술의 재료를 정리해보면 연극이 종합예술이라는 사실을 쉽게 이해할 수 있다. 미술(회화)의 재료는 '색(Color)'이고, 음악은 '소리(Sound)'이며, 문학은 '단어의 의미(Mean of Word)'이다. 그렇다면 연극예술의 재료는 무엇인가. 연극예술은 이러한 모든 예술의 재료가 유기적으로 어우러져 있는 행위예술이다. 앞서 행위는 인간의 삶의 양상을 뜻한다고 했다. 즉 인간 행위 속에 모든 예술의 재료가 내포되어 있는 것이다. 이런 점에서 연극예술은 분명 종합예술이다.

예술을 인식하는 또 다른 방법으로 시각예술, 청각예술, 시간예술, 공간예술이 있다. 시각예술은 눈의 감각으로, 청각예술은 귀의 감각으로 받아들이는 예술의 장르를 말하고, 시간예술은 시간의 흐름과 함께 작품의 전모가 드러나는 예술이고, 공간예술은 공간에 표현되는 예술을 말한다. 따라서 시각예술은 모두 공간예술이 된다. 이러한 예술 인식의 방법 모두가 연극 속에 뚜렷하게 구현되는 예술들의 양상이 아닌가. 또 예술의 기능에 따라 구별되는 순수예술, 유용예술, 대중예술도 연극을 설명하는 핵심 용어이다. 순수예술은 미(美)적인 반응을 산출하도록 고안된 순수한 예술작품들을 말하고, 응용예술(또는 유용예술)은 일차적으로 유용한 기능을 지니고 있으면서 미적 가치도 지니고 있는 자동차, 건물, 냉장고, 가구---등등 인간에게 유용한 가치를 제공하는 모든 제품을 말한다. 대중예술은 대중을 상대로 미적 가치보다는 즐거움을 우선으로 제공하는 장르로써 수용자들 태도 또한 상품과 같이 소비적인 기대로 참가하는 예술을 말한다. 대중들의 상상력과 주체적인 의식을 점차 마비시켜 획일적으로 행동하게 할 위험을 내포하고 있기도 하다. 요즈음 텔레비전 예능프로그램이 한 예이다. 이처럼 연극은 음악, 미술, 문학, 시청각 예술, 시공간예술, 순수예술, 응용예술, 대중예술 등 모든 예술의 내적 외적 현상을 총망라하여 완성되는 거대한 '종합예술'인 것이다. 물론 종합예술 보다 더 넓은 범주를 내포하고 있는 '공연예술'이란 현대적 개념의 용어가 폭넓게 사용되고 있어 필수불가결하지 않다면 굳이 '종합예술'을 고집할 필요는 없을 것이다.

연극을 정의한 말들

연극의 정의는 앞서 말한 바와 같이 아리스토텔레스의 모방론으로부터 시작하여 지금까지 수많은 학자에 의해 끊임없이 각양각색으로 정의되어오고 있다. 미국의 연극이론가 다우너(Alan S. Downer)는 연극은 "인생의 모방이요, 강화이며, 정돈이다."라고 했고, 피코크(Ronald Peacock)는 "행동이 있어야 한다. 다시 말해서 사건과 상황은 그것에 부수되어지는 긴장과 돌연한 변화와 그리고 클라이맥스로 제시되어야 한다"고 했으며, 현대적인 연출기법에 지대한 영향을 끼친 영국의 연출가이면서 연극이론가인 고든 크레이그(Edward Gordon Craig)는 연극예술에 대한 관객의 질문을 받고 "연극예술은 모든 요소가 종합되어 하나로 구성되는 것 속에 존재한다. 즉 행동은 연기의 핵심이고, 언어는 희곡의 몸체이며, 선과 색채는 무대장치를 위한 최고의 재료이며, 리듬은 춤의 본질이다."라고 주장함으로써 연극의 종합예술성을 강조하였고, 미국의 저명한 극작가 유진.오닐(Eugene O'Neill)을 길러낸 하버드대학의 극작과 교수 베이커(George Pierce Baker)는 "정서를 정확하게 전달하는 일이 모든 탁월한 연극의 기본이다. 정서는 행위와 성격 창조와 대사에 의해서 전달된다. 정서는 보통 두 시간 반이 넘지 않는 범위 내에서 전달되어야 하며, 현존하는 무대의 자연스런 조건 속에서 전달되어져야 한다. 또한 극작가가 직접 전달하는 것이 아니라 배우를 통해서 간접적으로 전달되어야 한다."라고 함으로써 연극의 전달자적 본질을 설명하였으며, 일본의 연극학자 가와타케 토시오(河竹登志夫)는 그의 저서 『연극개론(演劇概論)』에서 "극적이라는 것은 인간의 삶 속에 있는 무언가의 본질적 모순을 내포하고 있는 인간과 그 적대자와의 잠재적 대립관계가 시간의 경과와 동시에 실제 인생의 국면을 시청각적으로 현재화하고, 강한 긴장감을 갖도록 하는 일련의 과정이다."라고 하여 극적 대립과 그 과정을 강조하면서 정의하기도 하였다.

연극사의 두 가지 이념

제시어가 좀 친숙하지 못하고 낯선 면이 다소 있지만 연극이 무엇인지를 이해하려고 하면 한 번쯤은 정리하고 지나가야 할 듯싶어 간단하게 언급하고자 한다. 특히 서양 연극사의 흐름 속에 내재 되어있는 이념을 자세히 파고들어 정리해보면 부분적으로는 명료하지 않은 사조가 있기는 하지만 두 개의 큰 이념적 줄기가 있음을 알 수 있다. 바로 플라톤의 에토스(Ethos)적 세계와 아리스토텔레스의 파토스(Pathos; 영어로는 페이소스라고 함)적 세계이다. 이 두 이념이 원천이 되어 오늘날까지 다양한 예술 양식에 영향을 주고 있다. 아직도 사실주의 연극을 '정통연극(正統演劇; 줄임말로 정극)'으로 이해하고 있는 오류는 연극사에 내재되어 있는 이 두 세계를 제대로 구분하지 못한 데서 비롯된 것으로 본다. 흔히 대사 중심의 연극을 '정극'이라 하고, 뮤지컬과 같이 노래나 춤이 중심된 연극을 '정통연극이 아닌 것'으로 보는 것 또한 잘못된 견해이다. 이두현 교수는 〈한국연극사〉 서론에서 "'한국에는 과거에 연극다운 연극이 없었으며, 엄밀한 의미에서 연극의 역사가 성립되지 않는다'고 말한 논지도 있었다는 것은 연극의 범위를 자의적으로 좁게 해석한 오류이거나, 서양의 근대극 이후의 개념에서만 속단한 것이라고 볼 수 있다."라고 비판한 내용을 볼 수 있다. 이 또한 대사 중심의 연극이 아니면 거의 연극으로 보지 않았다는 어처구니없는 정의에서 비롯된 것이다. 그 이유는 연극을 아리스토텔레스의 파토스적 세계로만 인식했기 때문이다. 아리스토텔레스의 스승이지만 정반대의 세계를 추구한 플라톤의 에토스적 세계로 보면 연극의 스펙트럼은 상상을 초월할 정도로 넓어진다는 사실을 간과하면 안 될 것이다.

아리스토텔레스의 파토스적 인식의 방법으로 보면 그리스 비극으로부터 로마의 비극, 르네상스 시대의 고전주의 연극, 헨릭 입센으로부터 시작한 근대 사실주의 연극에 이르기까지 감정이입을 위한 목적으로 합리적이고, 자연스럽고, 도덕적이고, 균형미를 강조하고,

구성과 법칙을 준수하고, 정적이며 드라마를 기본으로 하는 일련의 연극사적 흐름이 있다. 이를 일본연극학자 가와타케 도시오(河竹登志夫)는 '서양 연극사의 본류'라 했다. 이와는 반대로 플라톤의 에토스적 인식의 방법으로 보면 그리스 희극, 로마의 희극, 판토마임, 즉흥극 등을 원천으로 해서 중세의 종교극, 르네상스 시대의 이탈리아 코메디아 델 라르테, 오페라, 음악극, 표현주의, 브레히트의 서사극, 부조리연극, 현대 포스트모던 연극에 이르기까지 감각적이고, 관능적이며, 시끄럽고 떠들썩하고, 허구성이 있고, 때와 장소가 수시로 바뀌고, 인물이 돌연 변신하고, 줄거리도 변화무쌍하며, 잔혹한 장면이나 에로틱한 장면을 대사가 아닌 행위로 보여주고, 동적이고, 자유분방하고, 스펙터클을 선호하며, 연극적인 양식을 지향하는 연극사적 흐름이 있다. 이를 가와타케 도시오는 '서양연극사의 지류'라 했다. '본류'와 '지류'라는 말은 연극사 이해의 절대 용어는 아니다. 그러나 아리스토텔레스의 파토스와 플라톤의 에토스는 연극사의 흐름 속에 내재해 있는 이념의 원천으로써 연극사의 흐름을 이해하고 오늘날 창작되고 있는 연극의 형식을 인식하는 데에 필수적인 용어이다.

파토스는 연민, 동정, 슬픈 정감을 느끼게 하는 깊은 감정을 뜻하는 말이다. 즉 정서적인 호소력을 의미한다. 비극에서 공포와 연민의 감정을 불러일으킴으로써 이 정서를 말끔히 씻어 없애어 건강한 상태로 만든다는 카타르시스(catharsis; 정서의 정화)원리의 근거이다. 관객은 동화작용 혹은 감정이입의 방법으로 연극을 인식한다.

이로써 연극은 살아 움직이는 자연의 과정, 즉 실체의 복제(모방, 재현)로써 현실보다 더 훌륭한 것을 만들어 낸다는 중요한 연극이념이 성립되는 것이다.

에토스는 감정이나 정념을 초월한 이성적 세계를 중시함으로써 사물의 객관적인 현실을 구현할 수 있다는 진리를 간파한 이념이다. 플라톤은 아리스토텔레스의 '모방(mimesis)'에 대해서도 현실(Reality)에서 벗어난, 그래서 왜곡된 외양의 사본에 불과하다고 비판하다. 따라서 인간의 감각(sense), 정서(emotion), 상상(imagination)은 이성(reason)에 보조적인 역할을 할 때 가치가 있는 것이고, 그렇지 않을 때는 방해물이 된다는 것이다.

현대연극에 적용되고 있는 두 이념의 크기와 양상을 비교해 보면, 사실 플라톤의 에토스적 세계가 훨씬 많다고 볼 수 있다. 그러나 연극예술이 진지하고 장엄한 인간행위 혹은 자연을 모방하지만 연극예술이 자연을 보완하여, 때로는 그것을 좀 더 훌륭하게 완성 시킨다는 아리스토텔레스의 사상은 여전히 여러 사람에 의해서 피력되고 있다. 더더욱 오늘날 연극연출은 특정한 시대의 특정한 양식만을 고수하는 것이 아니라 모든 시대의 모든 양식을 자유자재로 활용하는 신절충주의(neo-eclecticism)를 표방하고 있다는 점을 주의 깊게 관찰할 필요가 있다.

연극의 4요소

끝으로 연극을 정의하는 중요한 요소는 소위 연극의 4대 요소—

희곡, 배우, 무대, 관객—이다. 이 4요소의 상호관계는 연극의 모든 내용을 형식적인 틀로 묶어 설명할 수 있는 연극의 네 기둥과 같은 것이다. 특히 무대화를 위한 연출 방법의 핵심 내용이기도 하다. 따라서 연극의 4요소의 상호관계는 연출의 기본요소와 원리이기도 하여 강조하는 차원에서 다음 목차에 별도로 자세하게 다루고자 한다.

2. 연극의 4요소와 상호관계

연극의 4요소는 연극을 이해하고, 정의하고, 평론하고, 창작하는데 동원되는 중요한 요소이다. 즉 희곡, 배우, 무대, 관객은 연극을 형성하는 중요한 요소로서 마치 건축물의 네 기둥과 같은 것이다. 네 기둥이 없으면 아예 건축물을 지을 수 없게 되고, 부실하면 주저앉거나 오래 갈 수 없듯이 연극도 네 기둥인 4요소가 없거나 부실하면 성립이 안 되거나 완성도가 떨어지게 된다. 튼튼한 네 기둥을 틀로 하여 벽을 쌓고, 문을 만들고, 창문을 달고, 지붕을 씌우고 하여 사람이 안전하고 편안하게 살 수 있도록 하듯이 연극예술도 연극의 4요소라는 기둥을 튼튼하게 세움으로써 짜임새 있는 연극을 멋지게 만들어낼 수 있는 것이다. 따라서 '연극이란 무엇인가'란 이해와 설명도 4요소의 상호관계 속에서 찾아야 하고, 창작과정의 시작부터 공연에 이르기까지 모든 요소와 방법을 찾고자 할 때도 4요소의 관계를 활용해야 한다. 뿐만아니라 평론가가 평론할 때도 결국 4요소의 관계를 분석하여 작품이 갖고있는 본래의 의도를 얼마나 잘 구현하고 있는지를 평가하고, 관객이 얼마나 재미있게 즐기고 있는가의 근거도 4요소의 상호관계에서 찾아야 한다. 2018년 명동예술극장에서 공연한 창극〈심청가〉(손진책 연출)의 평을 예로 보면 4요소의 상호관계가 잘 드러나 있다.

[희곡] 창극은 이러한 판소리의 공연요소들이 생생하게 돋보였을 때 창극 특유의 극형식과 미학을 인정받을 수 있다. "이번 〈심청가〉는 소리의 맛과 멋을 최대한 살리고자 연극중심보다는 소리중심으로 옮기고 전통적 판놀음 위주의 우리만의 연극양식을 담백하게 보여줍니다."(팸플릿)라는 연출 의도를 봐도 판소리의 공연요소인 소리와 전통적 판놀음이 창극〈심청가〉의 모체가 되었음을 알 수 있다. 내용의 선(線), 소리의 선, 움직임의 선, 색의 선, 빛의 선, 공간의 선을 단 한 번도 끊어짐이 없이 엮어내는 연출력은 누구도 흉내 낼 수 없는 내공의 힘일 것이다. 잘 가르고 이은 길쌈질 같은 단순하면서도 정제된 연출의 선이 자연 그대로여서 더없이 소박한 느낌이었다. · · · · (생략) · · · ·

[배우] 최근 국립창극단 배우들의 연기력, 참으로 출중하게 발전했다. 이제 창극배우들도 인기 있는 연예인 수준으로 대중성을 확보할 때가 됐다. 또한 창극의 독특한 극형식에 어울리는 발림(화극적 요소)과 아니리(몸짓)를 더 많이 찾아내고 유형화 하는 창극만의 연기체계도 생각해 볼 일이다. 경극의 창(唱;노래), 념(念;대사), 주(做;동작), 타(打;무술동작)와 가부키의 다양한 연기형식처럼 말이다.

[관객] 궁극적으로 창극은 창극전용극장에서 공연을 해야 제맛이 난다. 바라건대 판소리의 '판'의 묘미를 살려내는 판소리 관중을 위한 창극전용극장, 판소리 원형을 살려내는 소리의 전당 같은 창극전용극장, 대들보와 석가래가 보이는 대청마루 무대를 갖춘 분위기 있는 창극전용극장이면 얼마나 좋을까.

[무대] 프로시니엄(proscenium)무대로는 판소리의 맛과 멋을 온전히 구현하기에는 한계가 있을 수밖에 없다. 창극〈심청가〉의 고민도 무대디자인과 무대구성에 있었을 것이다. 그럼에도 가능한 단순화 하면서 변형자재를 활용하여 대청마루 같은 자연스러운 '판'을 살려낸 연출력을 높이 평가하지 않을 수 없다. 특히 무대 뒤쪽에 드리워져 있는 발과 발 뒤에 정좌해 있는 오케스트라가 조명의 변화와 함께 그려지는 이미지는 대청마루에 걸려 있는 한 폭의 동양화 같아 '판'의 극치를 보는 듯 했다.」

위는 4요소의 상호관계를 토대로 한 관극평이다. 희곡을 주체로 해서 희곡과 배우와의 관계, 희곡과 무대와의 관계, 희곡과 관객과의 관계를 이론적으로 설명하면 '희곡론'이 되고, 배우를 주체로 하여 배우와 희곡과의 관계, 배우와 무대와의 관계, 배우와 관객과의 관계를 설명하면 '배우론'이 되고, 이를 실제로 활용 가능하도록 훈련하고 표현하는 방법을 제시하면 '연기의 방법론'이 되는 것이다. 무대와 관객도 마찬가지이다. 또 이 4요소의 상호관계를 종합적으로 설명하면 '연극론'이 되고, 개괄적으로 설명하면 '연극개론'이 된다. 이를 도표로 만들면 다음 표와 같다.

연극의 4요소의 상호관계

희곡

희곡은 다른 문학작품처럼 언어 또는 문자로 기록하여 인간의 사상과 감정을 전달하고 향유 할 수 있다는 점에서 완전한 문학이다. 그래서 시, 소설과 함께 문학의 3대 장르로 분류한다. 노벨 문학상 수상자 중에 상당수의 희곡작가가 수상 대열에 올라 있는 것은 연극적 가치가 아닌 문학적 가치를 인정했기 때문이다.

그러나 희곡은 공연을 전제로 한 연극의 제1요소로서 연극을 만드는 데에 없어서는 안 될 필수적인 요소이다. 희곡은 문학이면서도 연극의 한 요소이다. 따라서 희곡의 진정한 가치는 공연을 통해 생생한 현재의 인물, 현재의 사건으로 받아들여지게 하는 연극의 현재성과 공연되는 현장에서 직접적으로 메시지를 전달함과 동시에 그 반응이 무대에 즉각 반영되는 연극의 현장성에 충실해야 한다. 연극의 현재성과 현장성은 연극미학의 근원이기도 하다. 따라서 공연될 수 없는 희곡은 엄밀한 의미에서 좋은 희곡이라 할 수 없다고 해도 지나치지 않다. 매치우스(Brander Matthews)는 "희곡은 완성된 공연 속에서 탄생되고, 그 진정한 모습을 드러내 놓기 때문에 극장과 분리해서 생각하는 것은 불가능하다. ---(생략)--- 위대한 극작가들의 위대한 작품들은 단 하나의 예외도 없이 읽혀지기 보다는 공연되어지기를 바란다."고 하여 희곡의 진정한 가치는 공연에 있음을 역설하였다. 볼울톤(Marijorie Boulton)도 "희곡은 단순히 읽기 위한 문학작품이 아니다. 진정한 희곡작품은 3차원의 세계이다."라고 말함으로써 희곡의 본질은 문학성보다는 무대공간에 표현되어지는 연극성에 있음을 강조하였다. 사실 읽기 위한 글이라면 희곡을 읽는 것보다는 소설을 읽는 편이 훨씬 쉽고 편리하다. 물론 장면이나 행동을 상상하면서 읽을 수 있는 색다른 재미가 있긴 하지만 전문가나 연극학도가 아니고는 많지는 않다. 연극 역사상 가장 위대한 극작가 셰익스피어의 명작들도 읽었을 때보다는 공연 되어졌을 때 훨씬 재미가 있다. 희곡을 읽을 때 느낄 수 없었던 극적 긴장과 배우의 행위 속에 담긴 감정을 직접 교감하게 되는 현장감 때문일 것이다.

이처럼 희곡은 문학성과 연극성을 동시에 지닌 독특한 예술 양식이다. 즉 문학성과 연극성은 희곡에서는 하나이다. 희곡은 반드시 문학성과 연극성을 동시에 지니고 있을 때 그 진정한 가치가 성립된다. 그래서 희곡을 읽을 때는 독자(reader)이지만 연극으로 만들어진 공연을 보게 되면 관객(spectator)이 된다. 희곡을 읽음으로써 작중 인물들의 행동을 실제로 보고 듣는 것처럼 상상할 수는 있지만 연극을 관람함으로써 체험하는 느낌과 즐거움은 천양지차이다. 희곡을 읽음으로써 얻는 재미는 어디까지나 상상 속의 즐거움이지 체험은 아니기 때문이다.

탈(脫) 텍스트주의를 표방하면서 현대연극을 주도했던 일련의 연극 양식도 결국은 유무형의 텍스트를 무시할 수 없었다는 점에서 희곡은 연극의 제1요소임이 분명하다. 텍스트가 있든 없든 배우에게 제시되는 의미와 목적이 있어야 하고, 어떠한 형태든 공연되는 장소가 필요하고, 무엇보다도 공연의 의미와 목적을 받아들이는 관객이 있어야 한다. 또 이 모든 에너지를 집약하고 조화를 구성하는 연출 작업이 필요하다.

배우

연극의 제1의 요소를 희곡이라고 하다면 제2의 요소는 배우이다. (그러나 '연극은 배우예술이다.'라고 하듯이 연극의 중심은 뭐니 뭐니 해도 배우임을 전제한다면, 희곡이 제1요소이고 배우가 제2요소라 함은 모순이 있다. 다만 대개의 연극이 희곡을 바탕으로 창작되고 있음을 감안하여 편의상 지칭했을 뿐이다) 이야기 속의 일련의 사건에는 반드시 등장인물이 나온다. 이 등장인물들을 묘사하는 사람이 배우이다. 배우를 넓은 의미로 이해하면 이야기 속의 인물을 무대에서 연기하는 사람을 말하며, 등장인물로서 무대에서 행동하는 모든 것을 연기라 한다. 인형극에서 인형이나 서커스에 등장하는 동물도 배우의 역할을 수행하기는 하지만 어디까지나 사람인 배우의 의지에 의한 연기행위라는 점에서 결국 배우는 사람일 수밖에 없다는 생각이 든다. 목소리만으로 이야기 속의 인물을 구현하는 라디오드라마의 배우를 성우라고 부른다 해서 목소리

배우라고 하지는 않는다. 요즘 자주 공연되고 있는 낭독극도 배우의 총체적인 모습보다는 낭독에 초점을 맞춰 이야기를 풀어나간다는 점에서 라디오드라마와 유사한 점이 있다. 물론 라디오드라마의 성우도 낭독극의 낭독자도 다 배우이다. 배우는 분명 사람이되, 수용자에게 전달하는 방법과 형식에 따라 인형이 될 수도 있고, 동물이 될 수도 있고, 목소리가 될 수도 있는 것이다.

배우의 역할과 임무 중 매우 특이한 형식이 있어 소개한다. 일본의 전통 인형극 분라쿠(文樂)이다. 분라쿠는 이야기 중심의 조루리(淨瑠璃)와 인형, 그리고 반주악기인 사미센(三味線)이 합체되어 형성된 독특한 공연형식이다. 이 세 장르는 생성 자체가 서로 다른 독립적인 형식이었는데 공연의 필요에 의해 합쳐져 최고의 인형극이 된 것이다. 여기서 조루리는 원래 낭독극 형식의 이야기 자체로써 오늘날로 치면 희곡인 셈이다. 이 희곡의 모든 내용을 소리로 연기해내는 다유(太夫)라는 배우(소리꾼)가 도맡아 읊는데, 심지어는 극을 이끄는 해설자 역할까지 수행한다. 더 특이한 것은 인형 하나에 세 사람이 조종하는 3인 조종방식으로써 이 세 조종자 중 두 조종자는 검은색 두 건을 쓰고 조종하고, 주조종자(主操縱者)만 맨얼굴을 관객에게 완전 노출된 상태에서 인형을 조종한다. 이를 배우라고 해야 할지 갸우뚱해지지만 인형극이기 때문에 등장인물의 형상으로 보면 분명 인형이 배우이다. 그러나 관객에게 미치는 영향을 보면 소리꾼인 다유나 인형조종자도 충분히 배우의 조건을 갖추고 있다. 심지어는 사미센 반주자도 다유 옆에 앉아 관객과 교감하면서 연주한다. 이 모두가 어찌 배우가 아니겠는가. 따라서 분라쿠는 인형도 배우이고, 다유도, 조종자도, 반주자도 모두 배우이다. 이들의 공연을 '영혼의 결합'이라고 할 만큼 고도의 연극적 표현이 아닐 수 없다. 배우란 공연 속의 일련의 사건에 관련된 인물들을 형상화하는 사람이라고 정의하는 것이 적합할 것이다. 당연히 배우는 희곡의 주제, 구조, 등장인물의 성격, 사건이 전개되는 장소, 나아가 관객과 마주하는 방법과 교감하는 감성까지 분석하고 체득하고 있어야 한다.

앞서 '연극이란 무엇인가'에서도 설명한 바 있듯이 배우는 배우 자신이 창조하는 예술가이면서, 창조를 위한 매체(만들기 위한 재료)이며, 창조된 예술작품이기도 하다. 이러한 예술가는 오직 배우뿐이다. 따라서 연기예술의 소재는 배우 자신의 모든 것이 되는 만큼, 자신의 육체, 정신, 정서, 사고, 감정, 감각, 상상력, 성실성 등을 끊임없이 갈고 닦아야 한다. 배우와 배우 자신의 심신과의 관계는 음악가와 그 연주 악기와의 관계, 혹은 화가와 캔버스, 물감, 붓과의 관계와 같다고 생각할 수 있다.

따라서 배우는 인생의 모든 경험을 통해 인격을 도야하여 완성된 연기를 창출하여야 하며, 어떠한 역에도 적응할 수 있도록 신체적 조건을 갖추어야 하며, 예리한 감수성과 풍부한 상상력을 갖고 있어야 하고, 관객에게 쉽게 이해되고 귀에 거슬리지 않는 대사를 구사하기 위한 발성법과 화법을 체득하고 있어야 하며, 꾸준한 훈련과 경험을 통해 기술을 연마해야 한다. 옥스퍼드대학의 애슐리 듀우크스(Ashley Dukes) 교수는 "배우는 '기질과 기교'를 갖고 있어야 한다. 기질은 정서를 느낄 수 있는 역량을 말하고, 기교는 기질을 표현하는 능력을 말한다."고 했다. 여기서 기질은 흔히 말하는 '끼'이다. 배우의 진정한 끼(밑천)는 '창조적 감흥'에 있다. 창조적 감흥이 없는 배우는 맡은 역을 연기하는 것이 아니라 피상적 기교의 힘으로 흉내 내는데 지나지 않는다. 진정한 '끼'가 무엇인지를 명확하게 설명한 말이다.

이러한 배우의 조건은 창조적 연기술의 기본조건이고, 연극예술의 바탕이 된다. 연기술은 크게 화술, 신체 동작 표현, 역 창조로 구분한다. 이에 대한 자세한 내용은 Ⅶ장에서 다루었다.

무대

무대는 단순한 연기구역만을 가리키는 것인 아닌 넓은 의미의 극장 또는 연극이 공연되어질 수 있는 장소를 의미한다. 무대는 시대에 따라 다른 형태를 취해 왔다. 그리스시대에는 야외극장으로써 경사진 언덕에 돌로 쌓아 만든 객석이 원형의 오케스트라(오늘날의 무대)를 둘러싸고 있는 형태이고, 셰익스피어 시대의 무대는 8각형의 건물로 둘러싸여 있는 중세기 여관 뜰과 비슷한 반옥반외(半屋半外)의 마당 한 편에 설치한 돌출무대 형식이었다. 르네상스 시대에는 최초로 실내극장과 프로시니엄 무대를 갖춘 극장을 세웠으며, 특히 원근법을 무대장치에 활용하여 무대장치의 혁명을 가져오기도 했다. 오늘날 무대 기술의 발전은 이러한 무대의 역사가 있었기 때문에 가능했다.

무대의 형식 역시 '연극이란 무엇인가'에서 설명한 바 있다. 무대 형식은 프로시니엄 아치로 무대와 객석을 구분하여 그 안쪽에 상자형의 구조로 된 프로시니엄 무대(proscenium stage), 무대가 앞으로 튀어나와 세 면이 객석으로 둘러싸여 있는 돌출무대(thrust stage), 객석이 네 면을 완전히 둘러싸고 있는 원형무대(arena stage) 로 분류한다. 요즈음은 작품의 요구에 따라 객석의 배치를 다양하게 변형시킬 수 있도록 되어있는 가변형 무대(flexible stage)도 있다. 가변형 무대는 프로시니엄 무대나 원형무대의 장단점을 선택하여 새로운 연극 형식을 시도하는 데 많이 사용된다.

무대는 연극의 양식을 규정하는 중요한 요소이다. 연극은 무대 공간의 크기와 형태와 색채를 표현하는 공간예술이고 시각예술이기 때문이다. 연극표현의 근원은 공간이다.

관객

연극의 절대적인 요소는 배우이지만 관객이 없이는 성립되지 않는다. 아무리 예술적으로 훌륭하고 재미있는 연극이라 할지라도 그것을 봐주는 관객이 없다면 의미가 없는 것이다. 관객은 연극에 있어서 중요한 역할을 한다. 극장이 지어지고, 희곡이 씌어지고, 배우들이 연습하고, 공연을 하는 것은 모두 관객을 위한 일이다. 서연호 교수는 『한국연극론』에서 "연극의 존재 이유에 결정적인 요인을 부여하는 것은 창조행위에 관여하는 사람보다는 오히려 관중 쪽이며, 이들 사이에 원만한 호응관계가 성립될 때 비로소 연극은 생명력을 갖게 된다"고 했다.

관객은 일단 관극 행위를 선택한 집단으로 연극 경험을 통해 나름으로 삶의 의미를 가다듬고자 하는 숭고한 목적과 동시에 오락적, 교육적 가치를 갖고자 하는 구조화된 집단을 말할 뿐만 아니라 그들의 배후에 있는 동시대의 가족이며, 이웃이며, 민중이며, 민족이고, 더 나아가 인류 전체이기도 하다. 따라서 연극은 예술적, 문화적, 교육적, 사회적 가치를 동시에 지니고 있는 총체 예술인 것이다.

이러한 관객은 대체로 모든 연령, 직업, 학력, 인종 등이 다양하게 혼합되어있는 불특정 다수의 군중(crowd)으로 이루어져 있다. 관객이 함께 모여 있는 것은 거의 우연일 뿐이다. 그것은 의미 있는 연극의 경험을 하고자 하는 한 가지 이유 때문이다. 비록 관계없는 개인들이 함께 모여 있는 집단이지만 관객은 빠르게 하나의 집단으로 형성된다. 개인적으로 반응하는 감각을 다소 잃게 되면서 암시감응성(暗示感應性 ; 심리적 과정에 따라 강제나 명령 없이 자극을 통해 받아들이는 현상) 강화를 이루게 된다.

또한 관객은 계절, 요일, 시간, 장소에 따라 다른 반응을 나타내기도 하고, 다른 사람으로부터 얻게 되는 자극, 느끼는 방법, 극장 안의 온도, 좌석의 위치 등에 따라 다양하게 반응하기도 한다. 연극의 형식에 따라 관객의 유형도 달라지는데, 예를 들면 비극과 희극의 관객의 다르고, 동일한 음악극이지만 뮤지컬과 오페라와 창극의 관객이 각각 다르다. 또 실험적인 작품의 관객은 이상하게 혼합된 관객이다. 즉, 자극에 따라 동정적인 관객이 있는가 하면, 어떤 관객은 좌절하고, 충격을 받고, 불쾌하기도 하고, 무관심하기도 한다. 또 실험적인 작품의 관객은 이상하게 혼합된 관객이다. 즉, 자극에 따라 동정적인 관객이 있는가 하면, 어떤 관객은 좌절하고, 충격을 받고, 불쾌하기도 하고, 무관심하기도 한다. 극의 형식 외에 성별이나 연령 별로 관객의 취향이 상당히 다르다. 주부연극, 청소년 연극, 아동 연극, 심지어는 고령화 시대에 접어들면서 시니어 연극도 빠르게 확산되고 있다.

이러한 현상은 모두 관객이 극을 인식하는 태도(attitude) 및 주의집중(Attention)과 관련이 있다. 특히 연극창작의 모든 작업은 관객의 주의집중을 위한 시도이다. 주의집중은 두 가지가 있다. 즉 의식적인 집중과 무의식석인 집중이다. 의식적인 집중은 관객의 의지에 따라 보고 듣는 가운데 나타나는 현상으로써 관객의 노력에 의해 형성된다. 무의식적인 집중은 자극의 반응에 대한 결과로 나타난다. 극장의 작업자들이 현란한 조명, 색, 움직임, 감정의 자극, 공간과 높이, 소리, 그리고 시각적인 초점 등을 고안하는 것은 무의식적인 집중을 위해서이고, 연출가가 등장인물을 다양하게 배치하고, 리듬과 템포의 변화를 주고, 배우가 명확하게 성격을 창조하고, 창조적인 연기 등과 씨름하는 것은 모두 무의식적인 집중력을 고조시키기 위한 작업이다.

연극창작의 모든 작업이 관객의 집중을 위한 시도이긴 하지만 관객의 의무(Audience's obligation)도 있다. 관객의 의무는 관극 태도이기도 하지만 역으로 생각하면 연극창작의 목표가 되기도 한다.

관객은 (1) 최소한의 상상력을 갖고 봐야 한다. (2) 관객으로서 편견이 있다는 사실을 알아야 한다. (3) 무엇을 시도 하려는가에 대한 전체적인 기대 및 평가를 한다. (4) 나타내려고 하는 것을 자유스럽게 할 수 있도록 도와줘야 한다. (5) 괴테의 세 가지 관점을 갖고 본다. (①이 예술가가 이 작품에서 무엇을 나타내려고 했는가. ② 얼마만큼 잘했는가. ③ 그렇게 한 가치가 있는가.) (6) 구성(plot)상으로는 어떻게 짜여져 있는

가를 본다. (① 작품상의 사건(줄거리)이 논리적이고 자연적인가를 생각해 본다. ② 어느 부분이 클라이맥스인가를 본다. ③ 갈등이 어떤 성격 사이에서 이루어지는가? 어떻게 해결되고 있는가? 어떤 상징을 갖고 있는가? 작품 전체의 통일성에 어떤 역할을 하고 있는가. ④ 이 극의 구성상 목적은 무엇인가.) (7) 주제는 무엇인가를 본다. (사회적.문화적.정치적 배경, 현재적 관점 그리고 가치는 무어인가) (8) 등장인물(character)은 어떻게 이루어졌는가를 본다. (① 극작가는 자신의 주제를 성격화(character) 했는가. ② 등장인물의 말과 행동의 조화(harmony)는 어떤가. ③ 극의 근본 목적과 배역의 관계를 살펴본다. ④ ⑤ 각 배역은 어떤 동기(motivation)을 갖고 있는가. ⑥ 분위기(mood)나 품격(tone)은 일정한가. ⑦ 배역은 신뢰(believe)할 수 있는가.) 관객은 단순한 구경꾼이 아니다. 무대를 규정하고 극형식을 규정하는 중요한 요소가 관객인 것이다. 특히 우리나라 민속극의 관객은 형식적으로는 배우와 구분하지 않는다. 즉 연희자(演戲者)는 관객의 한 사람으로 등장해서 관객과 함께 연희하고, 관객의 한 사람으로서 관객 속으로 퇴장하는 것이다. 이것이 우리 민속극의 극형식이고, 미학이며, 극정신이다. 즉 민중 자신이 연희자이고 관객인 것이다.

결국 관객도 희곡과 배우와 무대와의 상호관계 속에서 형성되고 정의되는 연극의 중요한 요소이다.

3. 연출의 정의

'연출한다' 는 말은 한마디로 연극창작의 전 과정을 수행한다는 의미이다. 즉 연극의 모든 요소를 총체적으로 통합·조정하고, 조화를 이루어 창조해내는 전 과정을 말하는 것이다. 또 그 임무를 맡은 사람을 연출가라 한다. 또 '연출한다'는 말은 연극용어에 국한되지 않고 거의 모든 분야에서 보편적으로 사용하는 극히 일반적인 용어가 된지 오래이다. 물론 여기서 설명되는 내용은 연극에 관해서이다.

연출가는 여러 면에서 운동경기의 한 팀을 지도하는 코치나 오케스트라를 지휘하는 지휘자와 비슷하다. 연출가는 전문가로서의 책임감 있는 지도력을 갖추고 있어야 한다는 의미이다. 즉 연출가는 작품을 완성해내는 코치이자, 지휘자이며, 구심력인 것이다. 『연극연출(Play Direction)』이라는 책을 보면 "연출가는 예술적 표현 방법을 통제할 수 있는 원칙들을 이해하고 있어야 한다. 연출가는 작품의 구상단계에서부터 완성에 이르기까지의 진행 과정을 알고 있어야 한다."고 정의하고 있다. 사실 능력 있는 연출가라면 연기, 극작, 각색, 무대 기술과 디자인 등에 대한 실제를 체득하고 있어야 할 뿐만 아니라 건축가, 조각가,

화가, 음악가, 안무가, 의상디자이너, 교사, 정신과 의사, 사회학자, 인류학자, 목수, 전기기술자, 심지어는 광고 업무까지 다재다능한 능력을 갖추고 있어야 한다. 이와 같은 다재다능한 능력을 바탕으로 연극의 여러 가지 요소를 통합시키면서 희곡을 무대 위에 형상화하고, 관객에게 통일적인 인상을 갖도록 해야 하는 것이다. 그런 면에서 연출가는 창조적이면서 해석적인 예술가이다. 특히 현대연극에 있어서 연출가의 기능과 역할, 그리고 위상은 다른 어떤 분야를 능가하고 있다고 해도 지나친 말이 아닐 것이다. 그 기능과 역할을 살펴보면 더욱 자명해진다.

4. 연출의 기능과 역할

예술가로서의 연출가

연출가는 예술작품을 창작하는 예술가이다. 그러므로 연출가는 연극예술의 아름다움과 영혼을 표현할 수 있는 통찰력을 갖고 있어야 하며 또한 다양한 예술적 요소를 결합시킬 수 있는 능력과 개성을 갖고 있어야 한다. 그러한 예술적 역할을 수행할 수 있는 몇 가지 조건을 살펴보면 다음과 같다.

첫째, 연출가는 풍부한 상상력을 갖고 있어야 한다. 색다르고, 다양하고, 영적이며, 힘 있는 의미를 선택하고 추구할 수 있는 상상력을 갖고 있어야 한다. 연극은 환상과 상상의 세계인 것이다. 현대연기를 체계화시킨 스타니슬라브스키(Stanislavsky)도 〈배우수업〉에서 "배우의 목적은 자기의 연기술을 구사해서 희곡을 연극적 리얼리티로 전환시키는 일이다. 그 과정에서 상상력이 커다란 역할을 하는 것이다"라고 연극을 상상력의 산물로 여겼다.

둘째, 연출가는 삶에 대한 통찰력과 아름다움을 직시하는 감각이 있어야 한다. 이는 풍부한 정서를 바탕으로 한 인간 정신 속에서만이 가능할 것이다. 따라서 끊임없는 정서의 함양은 연출가의 소양을 갖추는 첩경일 것이다. 무엇보다도 인간을 사랑하는 마음(人間愛의 精神)으로 인간 행동과 심성을 끊임없이 관찰하고, 자연을 사랑하는 마음(自然愛의 精神)으로 그 오묘함을 끊임없이 관찰하고 이해해야 할 것이다. 또한 다양한 예술을 끊임없이 섭렵하는 부지런함을 가져야 할 것이다.

셋째, 연출가는 시각화(視覺化) 할 수 있는 능력을 갖추고 있어야 한다. 연극은 시각예술을 우선으로 하는 총체예술이기 때문이다. 무대라는 공간을 활용하는 시각예술이다. 따라서 연출가는 회화, 조형, 디자인 등 시각예술에 깊은 조예(造詣)를 갖고 있어야 한다.

넷째, 연출가는 다양한 예술가 그룹의 에너지를 집약할 수 있는 능력과 체력을 갖고 있어야 한다. 연극은 공동 창작예술이기 때문에 제작에 참여하는 모든 분야의 에너지를 집약할 수 있어야 하는 것이다. 연극의 성패는 공동 창작과정과 그 결과에 달렸다고 해도 틀리지 않는다. 실제로 좋은 작품의 이면에는 충분한 공동 창작과정이 있었다는 사실을 잊어서는 안 될 것이다.

비평가로서의 연출가

연출의 기술적인 조건은 날카로운 분석과 계산된 전개이다. 모든 판단은 냉혹한 비평적 사고에 의존해야 한다. 연극은 집단 예술이기 때문에 연출가의 판단이 옳지 못하면 모든 협력자들 또한 판단의 오류와 혼선을 빚게 된다. 비평의 눈은 관객의 눈이어야 하며, 관객에 대한 모든 테스트가 이루어져야 한다. 희곡에 대한 비평, 배우(연기)

에 대한 비평, 디자인(무대, 조명, 의상, 분장)에 대한 비평, 연극적 가치에 대한 비평, 연출가 스스로에 대한 비평을 할 수 있는 비평가의 자질을 갖추고 있어야 한다.

극작가로서의 연출가

연극은 삶이고, 삶이 말해지는 것이지만, 삶 자체는 아닌 것이다. 삶을 바탕으로 꾸며진 연극적 환상이 보여지는 것이다. 열광적인 사실주의자들도 무대 위에서 완전한 삶의 모습을 재현하지는 못했다. 바로 연극적 환상이 무엇인지를 말해주는 것이다. 여기서 극작(劇作)이 요구되는 것이다. 따라서 연극은 극작의 패턴을 따라야 한다. 그 패턴 속에는 삶 자체 이상의 특별한 의미와 감정, 그리고 분위기와 메시지가 전달되도록 하는 다양한 양식이 존재하는 것이다. 이것이 극작의 원리이고 연출의 원리다. 따라서 연출가는 이러한 극작의 원리를 깊이 있고 폭넓게 이해하고 있어야 한다.

관객 연구가로서의 연출가

앞서 연극의 4요소의 상호관계를 설명하면서 관객의 정의, 반응양상, 의무 등에 관해서 충분히 언급한 바 있다. 연극은 관객을 위한 것이기 때문에 연출가가 관객을 철저하게 연구해야 하는 것은 당연지사다. 관객이 없는 공연은 의미가 없기 때문이다. 극에 대한 관객의 반응은 배우들에게 미치고, 그것은 다시 관객에게 영향을 미치는 연극의 절대적인 구성요소이기 때문에 관객을 알지 못하는 연출가는 고객의 입맛을 모르고 음식을 만드는 셰프(chef)와 같다. 관객은 예리한 감각과 민감한 유기체로 구성되어있는 살아있는 대중이다. 만약 연출가가 원하는 만큼의 반응이 없었다면 연출가는 관객의 성질, 반응의 성향, 참여 동기와 원인, 건강 정도, 제한하는 요인 등 다양한 측면에서 체크하고, 분석하여 다음 작품에 반영하는 관객 연구가 반드시 있어야 한다. 그럼으로써 연출가는 이상적인 관객이 돼야 한다. 공연의 실제 효과를 관객의 입장에서 평가하고, 자신의 연기를 볼 수 없는 배우들에게 관객의 비평을 전달하는 이상적인 관객이 돼야 하는 것이다.

지도자로서의 연출가

창조자로서의 연출가 못지않게 지도자(leader)로서의 연출가 또한 연출가의 중요한 덕목이다. 연출가는 다양한 분야의 많은 사람들의 역할을 통합시키기 위해 지도자로써 리더십을 발휘하여 완전한 인간관계를 성립되도록 하여 완전한 작품이 만들어질 수 있도록 해야 하는 책임이 있기 때문이다. 특히 수많은 배우들을 체크하여 캐스팅해야 하고, 캐스팅된 배우들과 함께 오랜 기간 연습을 수행해야 하는 연출가의 임무는 필연적으로 리더십이 발휘되어야 한다. 앞서 언급한 바와 같이 오랫동안 항해하는 선장과 같이, 오케스트라를 지휘하는 지휘자와 같이, 운동경기의 선수단을 이끄는 코치나 감독같이 뛰어난 통솔력을 갖고 있어야 한다.

연극이론가로서의 연출

연출론은 곧 연극론이라고 정의한 바 있다. 연극론은 희곡론, 배우론, 극장(무대)론, 관객론은 물론 다양한 예술론을 비롯한 인류학, 심리학, 철학, 사회학 등 많은 분야의 원론이 응용되고 융합되는 통합형 이론이다. 필자는 교양과목인 「연극의 이해」와 「공연예술의 이해」를 강의하면서 세계적인 서커스단인 태양의 서커스(Cirque du Soleil)의 〈퀴담〉(Quidam)을 영상으로 보여주고 자신의 전공과 관련된 내용을 찾아 리포트를 작성하여 제출하도록 한 적이 있다. 어문 계열의 학생들은 공연 속에 등장하는 모자와 구두를 통해 언어학자 소쉬르(Ferdinand de Saussure)의 기호학 시니피앙(signifiant; 記標)과 시니피에(signifié; 記意)의 이론을 정리하였고, 의학전공 학생들은 서커스의 신체역학에 대해서, 물리학과 학생들은 묘기의 근거를 물리학 공식으로 풀어내었으며, 디자인과 학생들은 무대구성과 포스터에 대한 아이디어를 제공했고, 의상학과 학생들은 의상 및 분장에 대해 연구했으며, 건축공학과 학생들은 가설극장에 대한 설치 방법, 전기공학도는 조명에 대해서, 그리고 연극학과 학생들은 기예인들의 연기와 연출 방법을 이론화하는 등 다양한 분야가 응용되고 융합된 내용의 리포트를 제출받았던 적이 있다. 〈퀴담〉을 연출한 데이빗 말레(David Mallet)는 이 모든 분야의 이론들을 최소한 공부하지 않았을까 추측된다. 그래야 그토록 위험하고 힘든 일을 믿고 따를 수 있었을 테니까. 우리나라의 유일한 서커스단인 동춘 서커스와 태양의 서커스를 비교해보면 기예 자체는 크게 차이 나지 않지만 연출에서 차이가 난다. 동춘서커스는 거의 연출되지 않았고,

태양의 서커스는 처음부터 끝까지 잘 연출되었다. 그 차이는 그야말로 하늘과 땅 차이이다.

교사로서의 연출가

연출가의 교육자적 지도 능력은 연출 능력 이상의 조건이라 할 수 있다. 연극창작의 구상단계에서부터 막이 내려오는 순간까지 깨우치도록 지도하는 교육자이어야 하는 것이다. 오늘날 널리 활용되고 있는 '교육연극'은 연극이라는 매체를 활용하여 교육적 효과를 높이고자 하는 연극 본래의 교육적 목적을 확장한 개념의 용어이다. 전문연극인을 양성하기 위한 기능중심의 '연극교육'과 혼동하는 경우가 있는데 둘 다 교육을 목적으로 하고 있다는 연극 본래의 목적은 다르지 않다. 또한 상 · 하위 개념이 있는 것도 아니다. 연극교육은 교육연극을 통해 돌아보게 되고, 교육연극은 연극교육을 통해 보완하는 상승의 효과를 이룰 수 있는 것이다. 다시 말해서 연극교육과 교육연극은 연극의 기능을 활용하는 대상의 차이지 본질적 차이는 아닌 것이다. 따라서 연출자는 연극창작을 위한 교육적 효과를 제고하는데 전력투구해야 한다. '교육은 정성을 다해야 한다'는 경험적 소신을 피력한다면 연출자의 연극 만들기는 '정성을 다하는 교육적 마인드' 에 달려있다고 해도 틀리지 않을 것이다. 정성이 깃든 무대만이 관객을 감동시킬 수 있기 때문이다. 어떤 교육자는 "사랑이 없는 지식의 전달은 무의미하다"고 했다. 연출자도 사랑이 있는 교육자가 돼야 한다. 삶에 대한 사랑, 예술에 대한 사랑, 연극에 대한 사랑, 모든 참여자에 대한 사랑, 그리고 관객을 사랑할 줄 아는 연출가가 훌륭한 연출가일 것이다. 더불어 연출가는 연극이 우리 사회의 문화적 매체로 보존될 수 있도록 하기 위한 책임이 있다는 사실도 간과해서 안 될 것이다.

행정가로서의 연출가

연출가는 참으로 많은 일을 한다. 기획, 홍보, 관객 유치, 경영(예산편성, 결산) 등 제작의 모든 분야가 매끄럽게 처리될 수 있도록 행정적 임무를 수행해야 하는 것도 연출가의 중요한 기능과 역할이다. 또 정부나 지방자치단체의 문화재단 혹은 기업에 지원금을 신청하는 일도 연출가가 중심이 되어 서류를 작성하고, 인터뷰 심사에 응하고, 결산보고를 해야 한다. 연출가가 극단이나 공연을 대표하는 경우가 많기 때문이다. 물론 제작시스템이 잘 갖춰진 단체는 제작감독, 예술감독, 드라마투르기, 조연출 등을 두어 연출가의 임무를 분담하거나 보조역(assistant)을 두어 연출가의 일을 덜어줌으로써 연출가 본연의 기능과 역할을 정상적으로 수행할 수 있도록 하기도 한다. 어떤 연출가는 연습 중 발생하는 모든 사항을 기록하는 기록 담당 조연출을 두어 연습에만 몰두하기도 한다. 사실 연출가의 행정적 임무는 지금까지 언급한 다른 기능과 역할보다는 관여 정도가 다소 낮아도 되는 만큼 가능한 최소화하는 것이 바람직할 것이다.

5. 연출의 세 가지 개념

연출 방법은 실제로 연습에 임하면서 연출가가 어떤 사고방식을 갖느냐에 따라 달라진다. 여기에는 상반된 두 가지 개념과, 이 두 가지의 좋은 점을 선별적으로 활용하는 중용의 개념이 있다. 두 가지 개념 중 하나는 연극창조는 연출가가 전권을 갖고 지휘하는 연출가 중심의 작업이 돼야 한다는 개념이고, 다른 하나는 연극은 배우예술이기 때문에 절대적으로 연극창조의 중심은 배우여야 한다는 개념이다. 그리고 중용의 개념이다. 물론 어떤 유형의 연출가일지라도 작품분석을 통해 공통의 기초를 만들고, 연출 의도를 결정하고, 배역을 선정하며, 제작을 계획함에 있어 희곡작가, 디자이너들, 기술자들과 협력하고, 모든 요소를 하나의 완결된 무대공연으로 통합시키는 기본적인 임무는 철저하게 수행해야 할 것이다.

연극을 창조하는 사람은 연출가이다.

연출가는 연극의 진정한 창조자이기 때문에 연출가는 연극창작의 모든 권한을 강력하게 행사할 수 있어야 하며, 배우는 모든 점에서 연출가의 생각을 실현하기 위한 요소(소재)에 지나지 않는다는 생각이다. 이 견해를 역사적으로 살펴보면, 연출가의 시조 작스-마이닝겐 공작(Duke of Saxe-Meiningen)으로부터 연극을 음악극(music drama)으로 도모하고자 했던 리하르트 바그너(Richard Wagner, 1814-1883), 예술적 통일성을 연출의 기본적인 것으로 파악하기 시작한 아돌프 아피아(Adolphe Appia, 1862-1928), 현대연출에 가장 많은 영향을 끼친 영국의 연출가 고든 크레이그(Gordon Craig, 1872~1966) 등이다. 이들은 연출가의 강력한 지휘권을 활용하여 공연의 표현과 앙상블, 그리고 예술성을 극대화하고자 했다. 현대연기 시스템을 확립한 스타니슬라브스키는 처음에는 연출가의 강력한 지휘권을 절대 옹호하다가 뒤에 중용을 택하기도 했다. 고든 크레이그는 조각가가 돌이나 나무를 통해 자기 자신을 표현하듯이, 아니면 화가가 캔버스 위에 물감을 사용해 자신을 표현하는 것처럼, 연출가는 배우, 무대장치, 조명, 무용, 소리 그 밖의 여러 가지 요소를 소재로 자기를 표현해야 한다는 것이다. 따라서 가장 훌륭한 배우는 연출가의 뜻대로 움직여 줄 수 있는 몸과 목소리를 가진 배우이며, 자신의 역에 대한 해석으로부터 가져오는 자기 정서가 적으면 적을수록 좋다고 했다. 그러한 정서는 연출가가 주는 것이므로 배우는 그저 연출가의 개성이 표현되도록 움직이고 말할 수 있으면 된다는 것이다. 그러므로 배우는 자기 자신의 개인적인 생각과 정서를 최대한 갖지 않아야 하고, 연출가의 사상이나 정서의 표현을 방해하지 않아야 한다는 것이다. 심지어 배우들을 마리오네트(marionett)로 교체할 것을 제안하기도 했다. 마리오네트는 자기의 개성을 작품에 개입시키지 않으므로 연출가의 개념을 훼방하지 못할 것이기 때문이다. 우리나라에도 최초의 연출가 홍해성, 이해랑, 이진순을 비롯 임영웅, 이윤택에 이르기까지 강력한 권한을 바탕으로 창조한 연출가들이 있다. 결코 좋은 방법은 아니지만 작품의 형식이나 콘셉트에 따라 어느 정도는 창작에 관한 강력한 권한을 인정할 필요가 있다.

연극을 창조하는 사람은 배우이다.

앞서 말한 크레이그의 주장과는 정반대의 개념이다. 즉 배우는 연극의 주인공이며 창조자라는 주장이다. 이 주장에서 관객은 배우의 개성을 통해 극을 보고 느끼는 것이므로 연출가의 주요한 작업은 배우가 창조의 장을 준비하고 그의 각본이나 인물에 대한 이해를 도와서 배우가 최상의 조건으로 표현할 수 있도록 도와주는 역할에 머물러야 하는 것이다. 이 경우 연출가는 단순한 연습관리자에 지나지 않으며, 본질적인 형상화의 문제는 배우 개인의 자유에 맡겨진다. 따라서 이 개념에서는 연출자가 배우에게 참견하거나 조언하는 일이 적으면 적을수록 좋다는 것으로써, 연출자의 역할은 무대상의 교통정리로 끝나게 된다. 연극은 배우예술이라는 점에서 상당한 타당성이 있다. 그러나 연극은 또한, 집단예술이라는 점에서 다양한 예술가들을 통합하고 조정하는 일을 연출가가 담당해야 한다는 당위성도 절대 무시할 수 없다.

중용의 개념

위의 두 방식은 이론적으로는 의미가 있지만 실제로 그런 극단적인 주장대로 행해지는지는 의문이다. 배우는 연출가의 소재라고 생각하는 연출가도 실제로는 배우의 창조성을 부인할 수 없을 것이고, 배우가 연극의 창조자라는 의견을 가진 연출가도 실제 연습장에서는 배우에게 연습 진행상 필요한 지시를 내릴 수밖에 없을 것이기 때문이다. 말하자면 연출 작업은 두 방식의 중간 정도에서 이루어지는 것이 이상적이라는 개념이다. 연출가는 자신의 의견을 배우에게 강요하지는 않지만, 자신이 옳다고 믿는 내용은 망설임 없이 지시를 내려야 하는 것이다.

스타니슬라브스키의 자서전 『예술에 있어서의 나의 생애』를 보면 모스크바예술극장에서도 초기에는 독재적인 연출방식을 택했다. 연출가는 연습에 앞서 면밀한 연습 계획을 세워, 배우가 역을 어떻게 해석해야 하는지, 또 어떻게 연기해야 하는지—즉 어떻게 걷는지, 어떤 동작을 해야 하는지, 억양은 어떻게 해야 하는지, 어떤 식으로 느껴야 하는지 등 구체적인 것까지 메모하여 배우에게 그 계획에 따라 연기해줄 것을 강력하게 요구해야 한다는 것이다. 그러나 만년에는 스타니슬라브스키도 그러한 연출방식을 독재적인 연출방식이라며 부정하고 새로운 연출법을 생각하지 않을 수 없었다. 그것에 의하면 연습은 먼저 테이블에 둘러앉아 극본에 대한 토론부터 시작한다. 즉 배우의 체험과 배우 스스로의 느낌을 중시하는 말하자면 연극의 창조자는 배우라는 원칙에서 이루어진 것이다. 물론 모스크바예술극장

초기의 엄격한 요구와 훈련을 포기한 것은 아니었다. 배우의 창조성을 존중하면서 예술가로서의 높은 식견과 자각을 심어주고 작품의 조화와 통일성을 지향하는 중용의 개념으로 전향한 것이다. 연출가는 배우를 규정하는 존재임과 동시에 배우에게 규정되는 존재인 것이다. 배우에게 창조의 자극을 주면서 그 창조력을 이용하는 것이 연출가이다.

2장

작품 선택

1. 작품 선정의 내적 조건

고대로부터 현대에 이르기까지 창작극, 번역극 등 다양한 장르의 수많은 희곡 중에서 공연하기에 적당한 작품을 선정한다는 것은 결코 쉬운 일이 아니다. 평소 마음속에 담아두었던 작품일지라도 막상 공연작품으로 선정하려하면 쉽게 결정을 내릴 수 없는 다양한 조건들과 마주하게 된다. 작품 선정은 공연에 참여하는 모든 이들의 일치된 의견으로 이루어지는 것이 가장 바람직하지만, 대개 연출가 또는 연출가를 포함한 극본심의위원회와 같은 기구에 맡겨진다.

두말할 나위 없이 공연에 참여하는 모든 분야의 예술가들이 창조적 의욕과 정열을 불태우기에 적합한 좋은 작품을 찾는 것은 연극에 있어 가장 중요한 선결과제일 것이다. 하지만 작품 자체는 예술적으로 훌륭하지만 공연을 위한 실제적인 문제에 당면하면 적당하지 않은 작품도 있을 수 있다. 따라서 작품을 선정할 때는 먼저 두 가지 조건을 따져봐야 한다. 하나는 작품의 본질과 관련한 내적 조건이고 다른 하나는 작품의 실연을 위해 고려해야 되는 외적 조건이다.

주제 파악

작품을 선정하는 첫 번째 조건은 공연의 목적과 부합되는 주제 파악이다. 주제는 작품의 기본정신 혹은 중심사상을 말한다. 아리스토텔레스는 연극의 6대 요소를 정의하면서 가장 중요한 것이 구성(plot)이고, 그 다음이 등장인물의 성격(character), 그리고 주제(thought), 언어(diction), 음악(music), 장관(spectacle)의 순으로 설명했다. 물론 이것은 당시의 연극 형식과 가치의 기준에 따라 정한 순서일 것이다. 지금은 등장인물의 성격이나 주제를 더 우선시할 것이다. 연극은 동시대의 사회적, 문화적, 정치적 현상을 가장 직접적으로 묘사하는 행위예술이기 때문에 현재의 관점에서 공연의 가치가 무엇인가를 따져보는 일은 중요하다. 주제 파악의 방법과 형상화에 대해서는 단원 「Ⅳ. 작품분석」에서 자세하게 다룰 예정이다.

극적 구성과 갈등

이야기(사건)가 어떻게 짜여 있는가를 보는 일은 작품선정의 출발점이 될 것이다. 희곡에서 구성은 갈등(conflict)의 매듭을 묶었다 풀어주는 '사건의 순서, 사건의 배열, 혹은 이야기의 덩어리' 를 의미한다. 이야기는 당연히 논리적이고 자연스럽게 전개되어야 하며, 통일성과 타당성이 있어야 한다. 구성은 곧 갈등(conflict)의 양상을 의미한다. 갈등의 양상은 어떤 성격들 사이에서 이뤄지는가, 어떻게 해결되는가, 어떤 상징을 갖는가, 작품 전체의 통일성(unity)에 어떤 역할을 하는가의 관점을 통해 파악된다. 이는 작품선정의 핵심내용임은 물론 연출구상의 필연적인 자료이기도 하다. 이와 함께 극중 절정(climax)의 위치와 구성상 목적이 무엇인지도 작품선정에 참고해야 한다. 극작가의 사상이 뚜렷한 작품이든, 독특한 세계관을 배경으로 하고 있든, 등장인물의 성격이 익살스럽게 그려져 있든 결국 극적 갈등이 희박한 작품은 사실상 좋은 희곡작품이라고 할 수 없다.

훌륭한 희곡 속에는 반드시 명확한 극적갈등이 그려져 있다. 극적 갈등은 인간들 사이의 갈등인 경우도 있고, 인간과 사회와의 갈등, 인간과 신과의 갈등인 경우도 있다. 혹은 자기 자신 속에 있는 성격적 결함이나 야심과의 갈등인 경우도 있다. 그리고 갈등의 시적점이 무엇이든 그로인해 사건이 파생되고, 새로운 갈등이 생성되면서 극적 갈등은 깊어지는 것이다.

이야기의 중심에 아무리 충격적인 사건이 있다 하더라도 그것과 대립되는 행동의 동기나 결과가 다뤄지지 않으면 이야기의 극적 갈등이 성립되지 않는다. 예컨대 기차가 전복하여 몇 백 명이나 되는 사람이 한꺼번에 죽은 사건이 있다고 하자. 뉴스로서는 놀라운 대사건이지만 극적이라 할 수는 없다. 단지 하나의 대형 사고에 지나지 않는다. 그런데 이 사고가 기관사에게 원한을 품은 사나이의 복수로 발생한 일이라면, 이것은 극적인 사건이 된다. 다시 말해서 기차 전복사고는 기관사와 사나이의 원한관계에 의해 벌어진 사건이 됨으로써 극적 갈등이 성립되는 것이다.

우수한 희곡들에서 갈등은 인간의지의 행동으로 나타난다. 바꾸어 말하면 인물의 강한 의지가 담긴 행동에서 벌이진 갈등을 깊이 있게 쓴 작품일수록 좋은 희곡인 것이다. 다음의 예를 보면 쉽게 이해할 수 있을 것이다.

「A와 B라는 서로를 아는 두 남자가 우연히 거리에서 만나 함께 걸어간다. 앞에서 사람들이 모여 무엇인가를 재미있게 보고 있다. 무슨 일인가 하고 가까이 가서 보니 두 마리의 개가 싸우고 있는 것이었다. 두 사람도 흥미 있게 보다가 재미가 없어지자 별다른 생각 없이 지나가 버린다.」

이 짧은 이야기 속에는 분명 개들의 싸움이라는 대립이 존재한다. 하지만 극적인 장면이 될 수는 없다. 왜냐하면 인간의 의지적 행동이 내재되어 있지 않기 때문이다. 그런데 A와 B가 개들의 싸움에 어느 쪽이 이길지 내기를 걸었고, 서로 자기편의 개를 응원하다가 흥분된 나머지 주먹싸움을 했다면 이것은 약간의 극적인 에피소드가 될 것이다. 그렇다면 두 사람의 관계가 이전부터 앙심을 품고 있는 사이라고 해보자. A와 B는 속으로는 서로가 달갑지 않지만 할 수 없이 함께 걸어가다 개들의 싸움을 마주한다. 그런데 검은 빛깔의 개는 A가 강아지 때부터 귀여워하며 키운 개이고, 반대편의 흰 개는 B가 지난여름 강물에 빠졌을 때 그를 구해준 개이다. 이 상황은 두 번째 경우보다 훨씬 더 극적인 장면이 된다. 왜냐하면 A와 B는 이전부터 서로를 향한 앙심이 있었고, 개들의 싸움에 자신의 마음을 투영하여 행동의 변화(대개는 싸움)를 일으켰기 때문이다. 여기서 개들의 싸움이라는 사건은 전후 스토리를 연결하는 극적갈등의 계기로 활용되고 있다. 거기에 A와 B가 각자의 이유로 서로의 개들에 대해 애착을 가지고 있는 것이 더해져 보다 극적인 대립 행동의 변화로 작용한다.

물론 희곡 속의 대립이나 사건이 언제나 위 예시처럼 단순한 것은 아니다. 그러나 모든 희곡은 반드시 어떤 구체적인 극적 갈등이 있으며, 그것을 중심으로 파생된 여러 가지 작은 갈등으로 이루어져 있음은 분명한 사실이다.

극적 효과는 '엇갈림' 속에서도 생성된다. 대표적으로 셰익스피어의 〈한여름 밤의 꿈〉의 극적 구조가 좋은 예이다. 이 작품은 코미디로 인간들의 현실 세계와 요정들의 초현실 세계를 오가며 인물들과 사건들의 엇갈림을 통해 극적 효과를 도모하고 희극적 에너지를 축적한다. 아무리 오랫동안 헤어져있던 인물들이라 할지라도 만남만으로는 '극적'이라고 말할 수는 없을 것이다. '극적'인 것이 되기 위해서는 그 만남을 가로막고 있는 수많은 장애물이 존재해야 된다. 서로를 만나고 싶은 의지와 그것을 가로막는 장애물 사이에 대립이 생기고, 그 대립을 이겨낸 두 사람이 끝내 재회에 이르러야 극적인 의미가 발생하는 것이다.

영화나 TV드라마 속에서 '엇갈림'을 극적 요소로 적극적으로 활용하는 것도 이와 같은 이유에 있기 때문이다. 이야기의 대립이 해결 국면으로 접어들었다고 여겨질 때 또다시 '엇갈림'으로 인한 대립이 발생하면, 그로인한 새로운 이야기가 전개되고 서스펜스의 효과까지 얻게 되기 때문에 자주 활용될 수밖에 없는 것이다. 그러나 이것이 올바른 역할을 하기 위해서는 치밀하게 짜여진 극적 구조를 필요로 한다. 이미 19세기 말 프랑스의 작가 외젠느 스크리브(Eugne Scribe; 1791~1861)와 빅토리엥 사르두(Victorien Sardou 1831~1908)에 의해 주창된 '잘 짜여진 희곡'(well-made play)의 극형식이 존재하고 있다. 상황의 분명한 제시, 앞으로 있을 사건들에 대한 치밀한 준비, 예기치 않은 그러나 논리적인 역전, 계속적이며 점증적인 서스펜스, 보여주지 않으면 안 되는 장면, 논리적인 해결 등이 '잘 짜여진 희곡'의 극 이론이다. 이것은 오늘날까지 연속극의 형태로 극을 구성하는 TV드라마 작가와 감독들에 의해 소극과 멜로드라마 등에서 활용되고 있다.

보여주지 않으면 안 되는 장면

'보여주지 않으면 안 되는 장면'은 '잘 짜여진 희곡'의 한 이론이다. 간혹 공연을 보거나 희곡을 읽고 난 후, 어딘지 허전하고 만족스럽지 못한 느낌을 가질 때가 있다. 이런 느낌은 희곡의 대립된 행동의 선이 약하거나, 등장인물의 성격이 모호하거나, 무대에서 반드시 필요로 하는 장면을 보여주지 않은 채로 전개될 경우 발생하는데, 결국 관객은 극에 대한 몰입과 집중력을 잃고 상황과 인물에서 점점 멀어지게 된다. 예컨대 셰익스피어의 〈오셀로〉에서 이아고가 오셀로의 마음에 독(毒)을 불어 넣었다는 것을 단지 이아고의 입으로만 전한다면 상황 전달은 되지만 극의 전개에 몰입하는 데는 한계가 있다. 이아고가 어떻게 오셀로의 신뢰를 얻으면서 그의 마음속에 의혹의 씨앗을 심고, 그를 질투에 사로잡히게 하였는가를 관객은 눈으로 직접 보고, 귀로 직접 듣기를 원하는 것이다.

따라서 작품을 선정할 때는 보여주지 않으면 안 되는 장면이 틀림없이 쓰여 있는지 확인해야 한다. 반대로 꼭 보여주지 않아도 좋을 장면이나 사건이 쓰여 있어 전체적으로 늘어져 있진 않은지 반드시 생각해 보아야 한다. 이와 같은 결함이 발견되면 극작가와 상의하여 수정을 요청할 수도 있을 것이다.

연극적 약속

어떤 예술이건 그것을 창작하는 측과 감상하는 측 사이에는 일종의 암묵적인 약속이 있다. 그러한 약속이 있기 때문에 사람들은 다양한 창작물을 시로서, 소설로서, 희곡으로서, 또는 회화로서, 음악으로서 각각 받아들이는 것이다. 연극에서는 이를 '극적 관습(dramatic convention)'이라고 한다. 즉 희곡 속의 내용을 상징화된 무대언어를 통해 관객에게 전달하면 관객은 그것을 암묵적으로 약속된 내용으로 받아들인다. 이 암묵적으로 약속된 내용이 극적 관습이다. 흔히 말하는 '연극성'과도 의미가 상통한다. 이를 미국의 극작가 손턴 와일더(Thornton Wilder)는 '가정성(Pretense)'이라 칭하며 이른바 '연극주의(Theatricalism)'을 주창하였다. 이와 같이 연극적 약속(극적 관습)은 연극의 현재성과 현장성을 담보하는 근거이기도 하다. 따라서 '연극적 약속'이 어떻게 이루어져 있는가를 파악하는 일은 작품선정의 필수요소라 할 수 있다.

연출가는 그 약속 하에서 자기가 표현하고 싶은 것을 통일성 있는 형식으로 구현하는 것이다. 모든 연극은 '연극적 약속' 하에 존재한다. 이러한 연극적 약속을 극도로 확장하여 만든 극이 일본의 노, 가부키, 중국의 경극이며, 실험적이고 표현적인 서구의 현대연극들이다. 이에 반해 연극적 약속을 최소화하고 현실을 최대한 지향하고자 한 양식이 사실주의연극이다. 이를 사실과 비사실로 구분하여 어디까지 사실을 지향하고, 어디까지 비사실을 지향할 것인지에 따라 연출의 방향이 정해지고, 연극의 형식이 규정된다는 점에서 작품 선정의 중요한 척도가 된다.

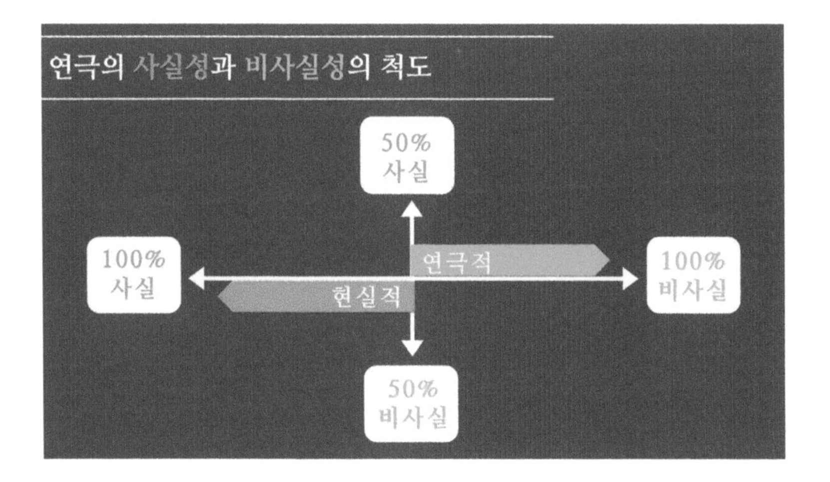

위 그림은 작품의 표현방식을 어느 위치에 놓고 구상할 것인지를 가늠하는 척도이다. 100% 사실에서 50% 이상 비사실에서 구상하면 비교적 비사실적인 연극이고, 100% 비사실에서 50% 이상 사실 쪽

에서 구상하면 비교적 사실적인 작품으로 간주된다고 볼 수 있다. 물론 절대적인 기준은 아니다.

연극은 예술이지 과학은 아니므로 그것을 만드는 데 있어 절대적인 법칙이나 객관적인 기준은 없지만, 작품 선정의 내적 조건을 판단하는 데는 앞서 설명한 주제 파악, 보여주지 않으면 안 되는 장면, 연극적 약속 등이 최소한의 객관성을 확보해 줄 것이다.

2. 작품 선정의 외적 조건

희곡은 공연되어짐으로써 완전한 모습과 함께 진정한 가치를 드러낸다. 물론 공연의 가치가 무조건 희곡의 가치를 능가하지는 않는다. 극작가가 희곡작품으로 노벨문학상을 수상 한 것은 순전히 문학적 가치만을 평가한 것이다. 반대로 문학적으로는 별반 가치가 없는 희곡도 공연되어짐으로써 문학적 가치 이상으로 찬사를 받는 경우도 있다. 실제로 주제가 특출하고, 짜임새 있는 구성과 긴장감 넘치는 갈등이 흥미진진하게 전개된 완전한 희곡이 공연의 조건이 뒷받침되지 않아 평범한 공연으로 전락해버린 경우도 부지기수이다. 희곡과 공연은 불가분의 관계이다. 좋은 공연이 되기 위해서는 필요한 만큼의 제작비, 배우의 능력, 연출자의 능력, 극장(무대)조건, 작품에 어울리는 관객동원 등 작품의 내적 가치 외의 여러 가지 작품 선정의 외적 조건이 충족되어야 한다. 물론 물질은 절약하고, 능력이나 열정은 배가한다는 기본 정신을 전제하고 말이다. 또한 작품 선정의 외적 조건들은 창작과정의 단계마다 필요한 조건들이므로 연출가의 리더십에 따라 효율적일 수도 있고, 정체될 수도 있기 때문에 누구보다도 연출가가 작품 선정에 중심 역할을 해야 할 것이다.

제작비용 조건

한 공연에 소요되는 비용은 작품에 따라서 또 제작자의 사정에 따라서 그때그때 다를 수밖에 없다. 요즈음은 공연 제작기획 전문회사가 제작비용은 물론 배우 및 스태프 구성까지 도맡아 처리하고 있지만, 그것도 공연 규모가 큰 작품에나 해당될 뿐 대부분은 영세한 단체의 소규모 공연이 많다. 공연 제작기획 전문회사의 대형 공연이든 영세한 단체의 소규모 공연이든 제작비가 공연의 완성도에 미치는 영향은 절대적이다. 어느 경우든 제작비를 최대한 절약해서 최대의 효과를 얻어야 하는 것이 지상과제이지만 도저히 감당할 수 없는 규모의 비용이 들어갈 경우, 작품을 포기해야 한다. 무리하게 추진했다가 공연 중간에 지불해야 하는 출연료를 감당하지 못해 예매한 티켓 값을 환불하면서까지 막을 내려야 했던 어느 기획사의 일은 작품 선정의 내적 조건도 문제가 있었겠지만, 외적 조건의 제작비 산출이 잘못됐을 가능성이 농후하다. 우선 각 분야의 필요 예산을 산출해봐야 한다. 산출된 내용을 놓고 절약 혹은 생략 가능한 부분은 어디이고, 적극적으로 지원할 부분은 어디인지를 따져본 후 작품선정 조건으로 제시하여야 한다. 기성극단의 경우 출연료 등 인건비가 가장 많이 차지한다. 특히 인건비 체불은 강력한 법적 책임을 져야 하기 때문에, 소홀히 다뤄서는 안 되는 사항이다.

그 다음으로 무대장치, 의상, 조명, 음향효과, 대소도구 등의 비용이 소요되는데 필요 불가결한 것은 전문디자이너에게 맡겨서 비용을 지불하고 제작해야 하는 경우도 있고, 극단에서 자급자족 혹은 대여해서 비용을 절감하는 경우도 있다. 산출된 제작비가 주어진 예산을 훨씬 초과할 경우 공연이 부실해지거나 불가능할 수도 있고, 반대로 주어진 예산을 제대로 활용하지 못하여 부실한 공연이 될 수도 있다. 학교공연에서 자주 일어나는 일들이다. 그러나 교육의 한 과정이므로 크게 문제가 되지는 않는다. 모두가 제작비용의 조건을 무시한 경우에 발생하는 일이다.

덧붙여 말할 것은 극본 사용료나 공연권에 관한 내용이다. 아직도 영세한 극단이나 아마추어 극단, 대학 연극 공연 등에서는 극본 사용료나 공연권을 대수롭지 않게 여기는 경향이 있다. 이는 문화 후진국에서나 볼 수 있는 구태일 뿐만 아니라 예술작품이 평가절하 됨으로써 창작 의욕을 상실하게 되고, 결국 공연예술이 퇴보하는 악순환의 원인이 될 뿐이기 때문에 시급하게 개선돼야 할 문제이다. 저작권법이 잘 마련된 미국 같은 나라는 아마추어 극단이라 할지라도 공연 5일 전까지는 저작권료를 지불하지 않으면 그 극을 공연할 수 없게 되어있다. 이웃 나라 일본도 기성 극단은 물론 일본연극협회의 규정에 의하면 영리를 목적으로 하지 않는 아마추어 극단의 공연도 극작가에게 저작권료를 지불하도록 일본연극협회의 규정으로 정해놓았다. 예를 들면 어떤 학생극단이 입장료 300엔, 공연 시간 1시간 20분, 2일 4회 공연할 경우 1회당 5,000엔의 저작권료를 극작가나 번역자에게 지불하도록 되어 있다. 입장료와 공연 시간을 대비하여 저작권료를 일본연극협회 규정으로 정해놓은 것이다. 한국연극협회는 아직 이런 규정이 없을 뿐만 아니라 관심을 가지려 하지 않는 듯하다. 예산의 규모가 아무리 작은 경우라도 반드시 저작권료나 공연권료를 책정하여 제작비에 반영하는 일을 의무로 삼아야 할 것이다.

배우의 구성

작품 선정의 조건에서 제작비용 못지않게 필요불가결한 조건이 배우의 구성이다. 공연에 참가하는 배우의 수, 성별, 교양, 연기 능력, 경험, 외모 등이 희곡의 내용이나 등장인물의 성격과 대비한 측면을 고려하여 작품을 선정해야 하기 때문이다. 합당한 배우가 없으면 당연히 외부에서 초청하거나 오디션을 통해 선발한다. 흥행이 되어줘야 거대한 제작비를 회수할 수 있는 대형 뮤지컬의 경우는 티켓파워(티켓이 팔려나가는 힘)가 있는 인기배우를 상상을 초월하는 출연료를 지불하고 캐스팅하기도 한다. 배역선정에 관한 다음 장에서 자세히 다루어진다.

극장(무대)의 조건

극장(무대) 역시 작품선정의 내적 조건에 따라 정해져야 하지만, 극장이 먼저 정해지고 그 극장에 맞는 작품을 선정하는 경우도 비일비재하다. 이론적으로는 사실주의 연극을 공연하기에 적합한 극장은 프로시니엄무대(proscenium-stage)이고, 가변형무대(flexible-stage)는 작품의 요구에 따라 무대와 객석의 구조를 변형시킬 수 있어 연출가들이 선호하는 극장이다. 또 관객과 가까운 거리에서 친밀감 있는 공연을 하고자 할 경우는 돌출무대 (thrust-stage)나 원형무대(arena-stage)를 선택하면 유용하다. 극장과 무대의 크기도 작품선정에 고려해야 할 중요한 조건이다. 극장의 크기는 객석수로 구분하는데 400석 이하는 소극장, 400~700석은 중극장, 700석 이상은 대극장으로 보는 것이 타당하다. 무대장치의 규모, 조명 및 음향시설, 심지어는 냉난방 시설까지 작품 선정의 중요한 요소가 된다. 이와 같은 무대의 조건은 제작비 산출시 반드시 염두에 두어야 할 조건이다.

연습 기간

연극연습은 작품의 내용, 크기, 형식에 따라 필요한 시간 및 기간이 있다. 대사가 많은 작품은 대사를 분석하고 익히는 시간이 필요하고, 움직임이 많은 작품은 움직임을 체득하는 시간이 필요하다. 뮤지컬의 경우는 노래와 춤 연습 시간을 별도로 잡아놔야 한다. 연극은 성장하고 심화되어야 하는 과정의 예술이기 때문이다. 그 과정이 길면 긴 만큼 연습실 대여 비용이 증가하게 된다. 따라서 체계적이고 세밀한 연습계획을 세워 효율적인 연습 기간이 될 수 있도록 해야 한다. 연습 기간과 시간은 5장에 구체적으로 설명되어있다.

연출가의 능력

예술가로서의 연출, 극작가로서의 연출, 비평가로서의 연출, 이론가로서의 연출, 리더로서의 연출, 관객연구가로서의 연출, 행정가로서의 연출 등 연출가의 기능과 역할 7가지를 Ⅰ장에서 자세하게 설명한 바 있다. 7가지 모두를 갖추고 있는 이상적인 연출가는 흔치 않을 것이다. 그러나 작품의 내용, 형식, 규모에 따라 어떤 연출가를 선택할 것인지의 기준은 될 것이다. 공연의 성패는 연출가의 능력과 경험에 좌우되는 경우가 많기 때문이다. 또 강력한 지휘권을 행사하는 연출가인지, 배우의 조력자에 머무는 연출가인지, 그 중간의 성향을 갖춘 연출가인지도 사전에 인지하여 작품 선정에 참고해야 한다. 물론 작품 선정 전에 이미 연출가가 정해져 있다면 당연히 정해진 연출가의 성향과 의견을 참조하여 작품을 선정하면 훨씬 효과적일 것이다. 애니메이션 영화 〈라이온 킹(Lion King)〉(1994년)이 대성공을 거두자 월트 디즈니(The Walt Disney Company)는 다음 해에 아프리카 사바나를 배경한 뮤지컬 〈라이온 킹〉을 무대화한다고 발표를 하고, 연출은 무대예술의 신예 줄리 테이머(Julie Taymor)에게 맡겼다. 브로드웨이 공연을 연출한 적이 없는 여성 연출자에게 대작을 맡긴다는 것은 과감한 결정이 아닐 수 없었다. 줄리 테이머는 "모든 것을 맡긴다면" 이란 조건을 달고 디즈니의 의뢰를 승낙했다. 연출뿐만 아니라 마스크와 인형, 의상, 소품까지 직접 디자인하고 책임을 지겠다고 한 것이다. 디즈니가 줄리 테이머에게 연출을 맡겼던 것은 세계 각국을 여행하면서 체험하고 공부했던 연극 지식과 창작 능력을 높이 샀기 때문이었다. 아프리카로부터는 대지에 살고 있는 동물들의 생생한 묘사를, 인도네시아에서는 그림자극을 이용하여 놀이장면을, 일본의 분라쿠(文樂)와 가부키(歌舞伎) 등으로부터는 인형과 가면의 제작방법을 원용할 수 있었다. 팸플릿에 "연극 속에서 공부한 한 가지 원리는 생각을 가장 심플하게 미니멀(minimal)화 할 수 있을 때까지 축약하는 것"이라고 언급한 것을 보면 예술적 소양도 충분히 갖춘 것으로 보였다. 연출가의 능력에 대한 제작사의 무한 신뢰와 연출가 스스로에 대한 자신감과 소신이 합치된 최고의 결과물이 탄생한 비결이었던 것이다.

연출가가 극본 선정에 참가하는 것은 대단히 중요하다. 작가가 쓴 희곡에 극장에서 생명을 부여하는 일이 연출가의 임무이기 때문이다. 연출가 자신이 충분히 이해하지 못하고 있는 작품, 좋아하지 않는 작품은 작품 선정 과정에서 분명하게 의견을 제시해야 할 것이다.

관객

관객 역시 극본 선정에 있어서 중요한 조건이다. 공연의 목적과 흥행에 직접적인 영향을 미치기 때문이다. 초점을 맞춰야 하는 대상이 여성인지, 남성인지, 어떤 연령층인지, 직업은 학생인지, 회사원인지, 전업주부인지, 어린이인지, 지적 수준은 어떤지, 또 경제적 수준은 어떤지 등을 세심하게 파악하여 작품 선정에 반영해야 한다. 당연히 연출 콘셉트, 배역선정, 작품의 템포와 리듬, 홍보와 마케팅 등 제작 방향이 전반적으로 달라질 것이다. 자신의 취미나 의식에 도취해서 극본을 선정하는 것은 연극의 진정한 가치를 무시하는 일로써 결국 실패한 공연이 될 것이라는 사실을 명심해야 한다.

3장 배역 선정

1. 배역선정 방식

작품이 결정되면, 다음은 배역선정 작업에 들어간다. 사실상 연출가의 최초임무 중의 하나가 배역선정이다. 배역선정의 성공은 작품의 성공이고, 작품의 성공은 연출가의 성공으로 귀결된다. 따라서 연출가가 가장 많은 시간을 투자하는 작업이 배역선정이다. 일부 제작단체들은 배역선정을 전담하는 캐스팅 디렉터(casting director)를 두어 캐스팅의 실패를 최소화하기도 한다. 대형뮤지컬을 제작 할 경우, 연출가가 정해지기도 전에 티켓 파워가 있는 스타급 배우를 먼저 선정하고 나머지 배역을 구성하기도 하는데, 이 경우 캐스팅 디렉터를 십분 활용한다. 그러나 일반적으로는 연출가가 등장인물에 대한 자신의 개념을 가장 잘 구현할 수 있다고 믿는 배우를 선정하는 것이 원칙이다. 배역선정의 방식은 다음과 같다.

오디션(audition)

오디션은 공개오디션(open audition)과 비공개오디션(closed audition) 또는 초대 오디션(invited audition)이 있다. 공개오디션은 가장 일반적인 배역선정 방식이다. 목적은 선택의 범위를 넓히고, 관심 있는 모든 배우에게 기회를 주자는데 있다. 다양한 재능을 지닌 다양한 배우들이 참여함으로써 숨은 보석을 발견할 수 있는 장점이 있다. 뿐만 아니라 해당 작품에는 캐스팅되지 않더라도 차기 작품을 염두에 두고 예비선정자로 분류하여 관리해두는 경우도 있다. 따라서 오디션에 참가하는 배우들은 배우로서의 모든 재료(소재)를 집약해서 유감없이 보여줄 수 있도록 철저하게 준비해야 한다. 공개오디션이 효과적인 것만은 아니다. 만약 최적의 배우가 선정되지 않는다면 시간과 비용을 허비하게 될 뿐만 아니라 제작계획에 차질을 빚을 수도 있기 때문이다. 이러한 단점을 보완한 방식이 비공개오디션 또는 초대오디션이다. 필요한 배역의 조건에 따라 2배수 내지 3배수의 배우들에게 미리 요청하여 필요한 내용만을 체크하는 방식이다. 이 방식은 오디션 대상자들에 대한 작품경력, 연기 능력과 특징, 신체적 조건 등에 대한 기초자료를 미리 확보하고 있어야 한다. 따라서 제작자 및 연출자 그리고 캐스팅 디렉터는 캐스팅에 필요한 배우 정보 기록 카드를 지속적으로 작성해야 한다. 학교연극은 수업 중 혹은 공연 제작과정에서 나타난 현상과 정보를 배우 정보 기록 카드에 미리 작성해두었다가 배역선정에 혹은 교육과정에 활용하도록 해야 한다. 오디션 외에도 배우의 조건을 고려하여 배역을 선정하는 방식도 있다.

배우의 능력을 중시하여 배역을 선정하는 방식(casting by actor's ability)

배우의 자연적인 조건이나 외모는 고려하지 않고, 오직 연기력만을 보고 배역을 정하는 방식을 말한다. 연기력이 뛰어난 배우부터 순서대로 어려운 역을 맡기는 것이다. 흔히 볼 수 있는 배역선정 방법이기도 하고 일면 타당성이 있어 보이기도 한다. 그러나 연기력은 정량화 될 수 없는 직관된 형태이기 때문에 그 기준을 만들기가 쉽지 않다. 설사 배우의 능력이 뚜렷하게 뛰어나다고 해도 배역선정엔 한계가 있을 수밖에 없다. 예컨대 아무리 능력이 뛰어나도 큰 키에 몸집이 거대한 남자배우에게 햄릿이나 나폴레옹을 맡길 수는 없는 것이다. 또 뚱뚱하고 키가 큰 거구의 여배우가 능력이 있다 해서 오필리어나 줄리엣을 연기할 수는 없을 것이다. 코미디가 아니고서는 웃음 꼴이 될 수밖에 없을 것이다. 얼굴 생김새는 메이크업으로 바꿀 수 있지만, 몸 전체의 구조적 특징은 웬만해서 감출 수가 없는 것이다. 그러나 아무리 딱 맞는 외모를 갖춘 배우라 할지라도 연기력을 고려하지 않은 배역선정은 실패할 수밖에 없다는 사실 또한 진리이다. 연기력이 외모를 커버한 공연을 어렵지 않게 만날 수 있는 것은 연기력 중심의 배역선정이 일반화되었기 때문이기도 하다. 심지어는 여배우가 남자역을 연기하여 연기력으로 갈채를 받았던 경우도 있다.

남녀 성별을 극복하고 명연기를 펼친 배우로는 프랑스의 여배우 사라 베르나르(Sarah Bernhardt; 1844~1923)가 있는데, 베르나르는 자주 〈햄릿〉이나 〈새끼 독수리(L' Aiglon)〉와 같은 작품에서 남자 역을 연기했다고 하는 기록이 있다. 우리나라에서도 1976년에 공연된 〈홍당무〉(채윤일 연출)에서 남자역인 홍당무를 손 숙씨가 연기하여 갈채를 받았던 적이 있다. 아예 관습적 형식으로 정착해버린 일본의 전통연극 가부키(歌舞伎))의 여형(女形; 일본에서는 이를 '온나가타'라고 한다)과 중국의 전통연극 경극(京劇)에서 각색행당(脚色行當)의 단(旦; 생, 단, 정, 축이라는 배역 중 여자 역으로서 남자배우가 수행한다.)과 같은 배역체계가 오늘날까지 전승되어 오고 있다. 물론 연극의 내용을 객관화하기 위한 형식적 차원에서 성별을 구별하지 않는 경우도 있다.

등장인물의 조건과 배우의 조건을 맞춰 선정하는 방식(casting to type)

등장인물의 조건에 맞춰 배역을 선정하는 방식이다. 특히 육체적 조건이나 목소리, 인품 등이 형상화할 작품 속의 인물과 닮은 부분이 많은 배우를 골라 배역을 정하는 방식을 말한다. 현재 가장 많이 행해지고 있는 배역선정 방법이다. 영화나 TV 등의 배역은 대부분 이 방식으로 선정한다고 봐야 한다. 흔히 이 방식을 'casting to type'이라고도 한다.

이 방법은 비교적 무난하긴 하지만 항상 이 방식만으로 배역을 선정하면 배우는 자신도 모르게 전형적인 연기에 매몰될 위험이 있다. 항상 같은 타입만을 연기하게 되면 타성(mannerism)에 빠져 헤어 나올 수 없는 지경에 이르게 되고, 예술적 창의성과 상상력을 잃게 될 수도 있는 것이다. 매너리즘에 빠져 있는 배우의 연기를 보는 관객은 항상 같은 인간을 보게 되고, 새로운 극이 상연되어도 같은 인물이 다른 상황 속에서 나온다고 느끼게 되어 관객을 식상하게 하거나 믿음을 주지 못하게 된다. 아역배우 출신들이 성인 배우가 되었을 때 가장 많이 고민하는 부분이 바로 아역의 이미지로부터 벗어나는 것이라 한다. 이것도 일종의 'casting to type'의 폐해일 것이다. 매너리즘에 빠져있는 배우의 연기클리닉은 평정심을 유지하면서 정상적인 패턴의 훈련과 역 창조에 임하는 것뿐이다. 스타니슬라브스키도 배우가 감정을 자아내려고 하면 할수록 그 감정에서 더욱 멀어지게 된다고 했다. 매너리즘에 빠져있는 성격과 정반대의 역을 맡아 수행해보는 것도 연기 클리닉의 한 방법이 될 수도 있다.

등장인물의 조건과 반대되는 배우를 선정하는 방식(casting against type)

이 방식도 물론 배우의 능력과 관계가 있지만, 단순히 외모만 무시하는 것이 아니라 가능하면 역할과 정반대되는 성격이나 인품을 가진 배우를 일부러 고르는 것이다. 가령 내성적이고 심약한 배우에게 보스와 같은 호탕한 남자 역을, 혹은 말괄량이인 여배우에게 수줍어하는 시골 처녀 역을 주는 방식이다. 흔히 이 방식을 'casting against type' 이라고 한다. 이 방식은 배우의 창조력과 상상력에 자극을 주고, 배우 자신 및 그룹 전체를 매너리즘의 침체에서 벗어나게 하는 클리닉의 효과가 있고, 폭넓은 연기력을 구사해낼 수 있는 교육적 효과가 있다. 따라서 학교연극의 배역선정은 가능한 한 이 방식을 적용할 필요가 있다. 학생들은 아직 미성숙된 배우이므로 다양한 인물을 체험케 함으로써 폭넓은 연기력을 갖출 수 있도록 해야 하기 때문이다. 전문극단의 경우는 'casting against type'이 합당하지 않은 방식이다. 그러나 어떤 경우에도 불가능한 역, 부적당한 역은 있을 수밖에 없다는 사실을 연출자는 특히 주의해야 한다. 그렇지 않으면 공연의 실패는 물론, 젊은 배우나 학생들의 자신감까지 잃게 할 위험이 있다. 어떤 방식의 배역선정이든 중요한 것은 관객의 신뢰를 얻을 수 있는 배역선정이어야 한다.

2. 오디션의 실제

위의 세 가지 방법 중 어떤 방식에 중점을 두고 배역을 선정하는가는 극단 혹은 그룹의 성질, 공연 의도, 목적, 그리고 각본의 성질 등의 조건에 따라 다르겠지만 일반적으로는 연기 능력과 적성과 외모와 경험을 감안하여 결정하게 된다. 그런데 배우의 연기력, 적성, 경험을 객관적으로 자세히 알고 있는 경우는 괜찮지만 그렇지 않은 경우, 가령 비슷한 능력과 경험을 가진 사람들의 집단이나 평소 조직적인 훈련을 받지 않은 직장, 서클, 학교 연극인의 경우는 오디션을 통해 배역을 선정하는 것이 가장 효과적이다. 오디션은 직업극단에서도 젊은 배우들을 격려하는 의미로 시행할 수 있으며, 교육적인 효과도 있다.

오늘날엔 트위터나 페이스북 등 소셜 네트워크 서비스(SNS)를 통한 폭넓은 인적 관계가 잘 구축되어 있어 오디션 희망자를 모집하는 방법이 어렵지 않을 뿐만 아니라 매우 광범위하고 신속하게 광고할 수가 있다. 오디션 방식은 먼저 모든 역 혹은 연출자가 정하지 못한 몇몇 역에 대해 희망자를 모아 정해진 시간에 모이도록 하고 제시된 내용으로 연기하도록 하여 역에 대한 적합 여부를 관찰하게 된다.

오디션의 시행 내용도 경우에 따라 크게 다르다.

1) 희곡을 미리 나눠주고 자신이 희망하는 역의 대사를 읽게 하기도 하고, 연출가가 제시하는 역의 대사를 읽게 할 수도 있다. 이때 발음, 발성, 표현력 등을 주의 깊게 관찰한다.

2) 등장인물의 행위와 유사한 전제 상황을 제시한 후 이 상황을 염두에 두고 간단한 즉흥극을 시켜본다—처음에는 팬터마임으로, 다음에는 간단한 대사를 붙여서 하도록 한다. 때로는 연기를 중단시키고 새로운 지시사항을 주거나 성격의 강조점의 변화를 제시하기도 한다. 이때도 태도, 자세, 동작, 상상력, 창의력, 그리고 연출가의 지시를 얼마나 잘 소화하고 흡수하는지 등을 주의 깊게 관찰한다.

3) 배우가 지금까지 실제로 무대에서 연기했던 적이 있는 역할의 일부를 연기하게 한다. 이것은 역을 형상화하는 실제적인 능력을 보기 위함이다.

4) 몇 가지 질문을 통해서 각본이나 역에 대한 이해 정도와 감수성을 확인한다. 경우에 따라서는 연극에 대한 지식수준, 사회를 보는 관점, 생활 태도 등에 관한 질문도 한다.

이외에도 배역선정의 결정적인 핵심 요소가 되는 요인들이 있다. 키가 크거나 혹은 작거나, 뚱뚱하거나 홀쭉해야 되는 배역, 또 인종과 관련한 피부색, 음색, 특정 지역의 사투리, 미모 등 육체적 특징들을 요구하는 배역이 상당히 많다. 테네시 윌리암스(Tennessee

Williams, 1911-1983)의 〈유리동물원(The Glass Menagerie)〉의 등장인물 짐(Jim)은 우승 경험이 있는 농구선수이다. 따라서 친구인 주인공 톰(Tom)보다 키가 커야 잘 어울린다. 셰익스피어의 〈오셀로(Othello)〉의 오셀로는 무어인이다. 무어인은 흑인에 가까운 유색인종이다. 따라서 오셀로는 적어도 백인을 캐스팅하지는 않는다. 우리나라 작품인 〈만선〉(천승세 작)의 등장인물은 대부분 진한 전라도 사투리를 구사할 줄 알아야 배역에 선정될 수 있다.

한두 번의 짧은 오디션으로 누가 그 역에 가장 적당한지 판단하는 것은 쉬운 일이 아니다. 따라서 오디션의 오류를 최소화하기 위해 몇 가지 고려할 사항이 있다. 오디션에서는 평범한 수준의 연기력을 보이다가도 연습 기간 동안 차근차근 역할을 탐구하고 성실하게 연습함으로써 공연에 임하면 발군의 실력을 보여주는 배우가 있는가 하면, 반대로 오디션에서는 놀라운 성과를 보였는데 그 이상 성장하지 못하고 공연에 임해서도 오디션 정도의 실력에 머무르고 마는 배우도 있다. 물론 배우의 개성에 따라 또 연습에 임하는 자세에 따라 차이가 있을 수 있지만 어쩔 수 없는 천성인 배우도 있다.

따라서 이러한 경우를 감안하여 신중하게 배우의 개성을 지켜보는 시간과 오디션의 내용을 확립하고 있지 않으면 돌이킬 수 없는 실패에 직면할 수도 있다는 사실을 간과해서는 안 될 것이다. 이런 점에서 보면 오디션에 의한 배역선정 방식도 얼핏 합리적이고 공평한 것처럼 보이지만 완전한 선정 방식만도 아니다. 하지만 잘 모르는 첫 그룹을 연출할 때에는 이러한 방식을 활용할 수밖에 없다.

오늘날 오디션 방식을 가장 많이 활용하는 곳이 연기전공 대학입시 실기시험 현장이다.

3. 대학입시 연기전공 오디션

오늘날 오디션 방식을 가장 많이 활용하는 곳이 연기전공 대학입시 실기시험 현장이다. 오십여 대학에서 다양한 방식의 오디션을 통해 연기전공 학생들을 선발한다. 기성 극단에서는 배역선정을 위해 오디션을 시행하지만 대학 입시에서는 배역선정을 위해 하는 것이 아니라, 배우로서의 자질과 가능성을 지닌 꿈나무를 선발하는 것이 목적이다. 특히 총체적인 인간상을 관심 있게 관찰한다. 구체적으로 구분하면 기질(끼), 감수성, 열정, 의지, 외모, 연기력(대사연기, 움직임연기, 특기), 질의응답 등이 오디션 내용이 될 수 있다. 심사위원은 3명 혹은 5명으로 구성되며 5명일 경우는 최고점수와 최저점수를 제외한 3명의 총점으로 순위를 정하여 선발한다.

첫 번째 관문은 첫인상이다.

물론 시험 요강에 구체적으로 제시되는 내용은 아니다. 하지만 모든 오디션에 최소한 해당되는 무형의 요소이다. 왜냐하면 배역선정을 위한 오디션이나 연기전공 학생을 선발하기 위한 오디션이나 공히 사람(오디션 대상자)을 보고 사람(심사위원)이 평가하기 때문에 호감이 가는 첫인상과 호감이 가지 않는 첫인상에 따라 본격적인 오디션에 영향을 미칠 수 있기 때문이다. 심사위원 각자가 느끼는 첫인상의 호불호가 다를 수도 있다. 아무 이유 없이 싫은 인상이 있고, 좋은 인상이 있는 것이 인지상정이기 때문이다. 사람은 살아온 대로 얼굴 표정이 만들어진다 하지 않던가. 넉넉하고 여유로운 인상, 예술적 Feel이 느껴지는 인상, 개성이 있는 인상, 자신감이 충만한 인상, 정직성이 느껴지는 인상, 편안한 미소를 머금은 인상이면 더없이 좋을 것이다.

대학입시 연기전공 오디션은 20초 싸움?

이 키워드는 극히 비교육적이다. 비교육적임을 알면서 굳이 기술하는 것은 대학입시 연기전공 실기시험의 모순을 지적함과 동시에 수험생들에게 강조점을 인식하게 하기 위함이다. 워낙 경쟁률이 높기 때문에 많은 수험생을 일일이 자세하게 체크할 수 없는 시간적 한계가 있고, 수험생은 이를 극복하기 위해서 짧고 명확한 강조점이 있는 내용으로 준비해야 하기 때문이다. 첫인상도 20초 내에 이뤄지는 심사위원들과의 첫 대면이다. 사실 첫인상이 결정되는 시간은 6초라는 연구 결과가 있다. 여기서 20초는 수십 차례의 대학입시 연기전공 실기시험 심사위원을 하면서 얻어진 결과이다. 20초 동안 느껴지는 첫인상이 실기시험 전체에 미치는 영향이 크다는 현장 경험 인식인 것이다. 그리고 실기를 시작한 직후 20초, 끝나기 직전의

20초가 매우 중요하다. 이 세 시점의 인상에 남을 수 있는 강한 기질(끼), 돋보이는 표현력, 최선을 다하는 모습과 자신감을 보여줘야 좋은 점수를 받을 수 있는 것이다. 물론 배역선정의 오디션과는 다르지만 강조할 내용을 구성하는 측면에서는 참고할만하다.

자신에게 어울리는 실기를 준비한다.

먼저 나를 정확하게 알아야 한다. 대사 연기, 노래 연기, 춤 연기, 신체 동작 연기, 특기--- 등에서 가장 잘 할 수 있는 연기(main acting)는 무엇이고, 그 다음 잘하는 연기(secondary acting)는 무엇이며, 분위기상 어떤 역할이 잘 어울리는지를 구체적으로 구분하여 main과 secondary를 어떻게 구성하면 시너지 효과를 낼 수 있는지를 심사숙고하여 준비해야 한다. 기성 단체의 오디션 준비도 마찬가지이다. 앞서 오디션 방식에서 언급했듯이 나(배우)의 조건과 배역의 조건이 맞는 'casting to type'이 쉽고 효과적이다. 배역선정의 오디션에서 주어진 작품이나 역할에 어울려야 하듯이 지원 대학 입시요강이나 선발 경향에 잘 어울리도록 구성하는 디테일도 소홀히 해서는 안 된다.

자기표현(오디션)의 5가지 포인트

사람은 누구나 자기 자신을 표현하면서 살아간다. 평범한 일상적인 대화부터 강력한 주장을 펴는 강연, 모든 예술 활동에 이르기까지 모두가 다 나를 표현하는 행위들이다. 나를 표현하는 행위들을 보면 강한 표현, 효과적인 표현, 인상적인 표현, 재미있는 표현, 적응력 있는 표현을 하려는 무의식적 본능적 태도가 내재되어 있다. 이를 토대로 연기표현에 적용하면 다음과 같이 다섯 가지 포인트로 정리할 수 있다.

첫 번째 포인트는 힘 있는 연기 (Powerful Acting)이다. 힘 있는 연기는 곧 집중력의 원천이고, 강조의 핵심이며, 기질(끼)의 발산이고, 자신감의 표현이다. 셰익스피어의 〈햄릿〉 3막 1장 햄릿의 독백 「죽느냐 사느냐 그것이 문제로다. 이 더러운 운명의 화살을 그냥 참고 견딜 것인가? 그렇잖으면 환난의 바다를 힘으로 막아 싸워 이기고 함께 넘어지는 것이 장한 것일까? 죽는다. 잠잔다. 다만 그것뿐이다. 잠들면 모든 것이 끝난다. (생략)」는 힘이 실린 연기만으로도 전율을 느낀다. 그렇지 않고 힘이 실리지 않은 매가리 없는 연기였다고 생각해 보라. 참으로 실망스럽지 않을 수가 없을 것이다. 여기서 힘은 목소리를 크게 내라는 뜻이 아니다. 자연스럽고 편하면서도 힘이 실린 연기를 말한다. 이러한 힘이 실린 연기여야 집중을 위한 시도가 가능하고, 표현의 핵심인 강조가 생성되며, 매력적인 기질(끼)이 발산되고, 자신감이 충만해지는 것이다.

두 번째 포인트는 효과적인 연기 (Effective Acting)이다. 연극은 원래 필요한 인물이 등장하여 필요한 말만을 해야 하고, 말보다는 행동으로 보여줘야 훨씬 더 효과적이고 강한 표현이 된다. 오디션 역시 짧은 시간 내에 무엇을, 어떻게 보여줄 것인지 핵심 포인트가 잘 잡혀 있어야 한다. 짧지만 강하고, 풍부한 의미를 담아내는 경제적이고 효과적인 실기 작품을 만들어야 하는 것이다.

세 번째 포인트는 인상적인 연기 (Impressive Acting)이다. 심사위원들의 마음에 깊이 새겨져 잊히지 않는 인상 깊은 실기를 준비해야 한다. 나만이 해낼 수 있는 독특하면서 개성 있는 내용이 인상적인 연기이다. 연기의 개성은 내용일 수도 있고, 표현방식일 수도 있고, 창의성일 수도 있다. 때로 오디션에 임하는 진실하고 열정적인 태도가 이상적이어서 높은 점수를 받기도 한다. 밋밋하거나 평범한 연기, 유행이 되어버린 흔한 연기, 누구나 알고 있는 유명한 대사 연기 등은 가능한 피해야 한다. 어느 해 대학입시 실기시험에서 특기로 뮤지컬〈지킬 앤 하이드〉의 「지금 이 순간」을 거의 모든 남자 수험생이 준비해와 채점위원들이 극도로 식상해 한 적이 있었다. 물론 누구보다 뛰어날 경우는 상관없지만 비슷비슷할 경우는 치명적일 수 있다.

네 번째 포인트는 재미있는 연기 (Interesting Acting)이다. 어떤 내용일지라도 무대 위에서는 일단 재미있어야 한다. 코믹한 것만이 재미있는 것은 아니다. 진지하고 비극적인 것도 재미있고, 아이디어가 독특하고 개성 있는 연기도 재미있고, 구성력과 표현력이 뛰어나도 흥미진진하고 재미있다. 또 배우의 분위기와 조건이 역할의 분위기와 조건에 잘 어울려도 재미있다. 희로애락(喜怒哀樂)의 요소를 극적으로 잘 압축하여 누구나 공감할 수 있는 연기라면 충분히 재미있는 연기가 될 것이다.

다섯 번째 포인트는 적응력 있는 연기 (Adaptable Acting)이다. 배우는 수많은 작품과 등장인물, 무대 형태, 다양한 유형의 관객, 다양한 예술적 형식들, 심지어는 배우 개개인의 성격에 조차 적응을 잘해야 하는 적응인(適應人)이어야 한다. 아무리 뛰어난 연기실력을 갖춘 배우라 하더라도 이러한 적응에 실패하면 실패한 만큼 완성도가 떨어진다는 사실을 명심해야 한다. 무대 위에서 '늘 따로 논다'는 평가를 받는 배우는 적응하지 못하는 배우이다. 배우의 재능과 꿈을 지니고 있으면서도 적응을 못해서 낙오하는 배우가 있을 정도로 배우의 적응력은 매우 중요하다. 적응력과 관련된 또 하나의 흔한 내용이 무대공포증이다. 거의 모든 배우가 조금씩은 갖고 있는 심리현상이지만 심하면 연기에 치명적인 영향을 미친다. 무대공포증은 오디션 현장에서도 흔하게 나타나는 현상이다. 오디션 현장의 분위기에 적응하지 못하면 준비한 내용을 충분히 발휘하지 못하게 된다. 관련 논문에 의하면 무대공포증은 무대 위에서만이 해결할 수 있다고 말한다. 무대가 내 집처럼 익숙해야 무대공포증이 생성되지 않는다는 당연한 진리이다. 따라서 실제 무대에 자주 서고, 오디션 현장과 유사한 분위기에서 오디션 모의 실습을 충분히 하는 수밖에 없다. 그럼에도 불구하고 무대공포증은 완전히 해소되지 않을 뿐만 아니라 특히 무대에 등장하기 바로 직전에는 대부분 가슴이 두근거리거나 불안 증세를 느끼게 된다. 그럴 때는 가볍게 제자리 뛰기를 하거나 심호흡을 통해 몸과 마음을 진정시키면서 나도 할 수 있다는 자기 체면으로 극복해야 한다. 특히 대학입시는 지원 대학의 선발경향, 입시요강, 그리고 시험 현장 분위기에 적응할 수 있도록 사전 준비를 해야 한다.

4. 조화로운 배역

연출자는 배역을 선정하기 전에 모든 등장인물을 자세하게 분석한 다음 인물과 인물의 관계를 체계화 하여 한 눈에 알아볼 수 있도록 도표로 작성할 필요가 있다. 모든 등장인물이 작품에 어울리고, 장면에 어울릴 수 있도록 조화롭게 배역을 선정해야 하기 때문이다. 셰익스피어의 〈햄릿〉은 햄릿을 중심으로 선왕의 유령, 어머니 거트루트, 아버지를 죽인 삼촌 클로디어스, 친구 호레이쇼, 연인 오필리어 등의 인물 관계도를 만들어 조화로운 배역선정에 활용하면 매우 효과적일 것이다. 연극은 한 두 사람의 주역이나 몇 명의 주요 역만으로 성립되는 것이 아니다. 마을 사람 1, 2 혹은 지나가는 사람 1, 2라 할지라도 한 장면을 완성하는 필연적인 존재이기 때문에 장면과 잘 어울려야 하고, 등장하는 모든 인물과 조화를 이뤄야 하는 것이다. 이러한 인물에게도 그 인물로서의 과거와 현재의 삶이 있고, 짧은 시간이더라도 그 삶 전체가 몸에서 배어나와 장면에 반영되지 않으면 안 되기 때문이다. "작은 역은 없다. 작은 배우가 있을 뿐이다"라고 말한 스타니슬라브스키(Constantin Sergeivich Stanislavski)의 금언(金言)이 연극의 진리처럼 깊이 새겨진다. 안톤 체호프(Anton Pavlovich Chekhov)의 명작 〈벚꽃 동산〉 2막 지나가는 부랑아가 등장하는 짧은 장면이 좋은 본보기가 되어 소개한다.

낡아 빠진 흰 모자를 쓰고, 외투를 입은 부랑인이 나타난다. 얼큰히 취해 있다.

[부랑인] 저, 말씀 좀 묻겠습니다. 여기서 곧장 가면 기차역으로 갈 수있습니까?

[가예프] 그렇소. 이 길을 따라 쭉 가면 되오.

[부랑인] 감사합니다. (기침을 한다) 날씨가 참 좋군요---- (낭송로) 나의 동포여, 고통 받는 형제여---- 볼가강으로 가거라! 그러면 누구의 신음인지 알지니---- (바랴에게) 아가씨, 이 굶주린 러시아의 동포에게 30꼬빼이까만 적선해 주십시오.

바랴에게 다가간다. 소스라치게 놀라며 비명을 지른다.

[로빠힌] (화를 내며) 아무리 거지라 해도 예의란 게 있는 법이야!

[라네프스카야] (얼빠진 표정으로) 자, 이걸 받으세요---- 여기---- (지갑을 뒤적거린다)은화(銀貨)가 없네---- 아무렴 어때. 자, 이 금화를 받아요------

[부랑인] 정말 고맙습니다! (퇴장)

짧은 장면이지만 부랑인이 한 장면을 완벽하게 지배할 뿐만 아니라 작품의 주제를 강렬하게 부각시키는 인물로서 주인공은 물론 등장해 있는 모든 인물을 휘저어 놓고 퇴장한다. 그런데 이 부랑인은 〈벚꽃 동산〉의 시대적 배경인 1861년 러시아 황제 알렉산드르 2세가 내린 「농노해방령」에 의해 스스로 살아가지 못하는 농노들을 상징하는 인물로서 몰락하는 지주(주인공)와 대비시킴으로 주제를 강력하게 부각하는 상징적인 인물임을 알 수 있다. 또한 안톤 체호프가 추구한 코믹한 장면 속에서 연출되는 비극적 인물의 표본이기도 하다. 연극의 앙상블은 주인공으로부터 작은 단역에 이르기까지 각각의 역을 연기하는 모든 배우의 일치된 협력에 실현된다. 연극의 조화가 무엇인지를 아는 배우가 중심이 되는 역을 맡게 되면 무대구성의 밀도감이 형성되어 그를 중심으로 연기하게 되며, 이는 경험이 적은 다른 배우들에게도 좋은 영향을 준다. 반대로 조화를 이해하지 못한 이기적인 배우가 중심이 되는 역을 맡게 되면 개인적인 능력이 아무리 뛰어나더라도 극 전체가 정리되지 않을 뿐만 아니라 감동을 줄 수 없게 되어버릴 위험이 있다. 연극에서의 '명연기'란 개인기가 아니라 조화로움 속에서 돋보이는 연기임을 배우들은 명심해야 할 것이다. 배역선정에 있어서 이러한 배우의 성향을 고려하는 것도 대단히 중요한 일이다. 따라서 연출자는 배역을 선정할 때 작품의 조화로움에 어떤 영향을 끼칠 것인지를 면밀하게 검토를 해야 한다.

조화로운 배역선정은 배우의 신체조건도 매우 중요하다. 예를 들어 〈로미오와 줄리엣〉에서 로미오가 줄리엣보다 키가 작고 말라서 빈약해 보인다면, 이것은 우선 시각적으로 조화롭지가 않은 배역선정이다. 이럴 때는 연기력이 다소 떨어질지라도 최소한 줄리엣과 비슷한 체격 조건을 갖춘 배우를 로미오로 선정하는 것이 현명하다. 또 두 사람의 목소리가 각각 관객이 상상하는 것과 맞는다 해도 그것이 비슷한 음역, 예를 들면 테너와 알토라고 한다면 그다지 적당하다고 할 수 없을 것이다. 남자끼리의 배역도 마찬가지다. 사무엘 베케트(Samuel Beckett)의 〈고도를 기다리며〉의 두 주인공 브라디미르(Vladimir)와 에스트라공(Estragon)은 같은 남자이지만 브라디미르는 남성적이고 에스트라공은 여성적이다. 성격도 브라디미르는 포용력이 있고, 에스트라공은 잘 삐진다. 따라서 브라디미르가 키가 커야하고, 목소리도 굵어야 잘 어울린다. 이러한 배역의 조화로움은 아버지와 아들, 형제자매 등 가족을 구성함에 있어서도 마찬가지이다. 배역선정 방식의 'casting to type'이다.

배역의 분배가 적절하지 않으면 미스캐스팅(miss casting)이라는 비평을 받는다. 미스캐스팅은 모든 인물의 형상화가 잘 되었는지의 여부보다, 주로 인물의 기본적인 인간관계가 관객이 상상하는 바와 인물의 이미지가 합치하지 않는 경우에 들게 된다. '저 다섯 명은 도저히 가족 같지 않아, '저 두 사람은 연인으로 보이지 않아' 라는 경우이다. 이런 것은 단순히 주관적인 인상일 뿐 그리 대단한 문제가 아니라고 생각할 수도 있지만, 때로는 그것이 희곡의 극적 형상화에 치명적인 영향을 미침으로써 주제를 약화하는 본질적인 문제가 될 수도 있다. 가령 체호프의 「세 자매」에서 올리가, 마샤, 일리나라는 세 자매의 나이와 개성이 전혀 여자 형제 같지 않다면 이 집을 방문하여 그녀들에게 사랑에 빠지는 장교들이 이해할 수 없게 됨은 물론 모스크바로 가고 싶은 세 자매의 꿈도 의미 없는 것이 되어버릴 것이다. 관객이 느낄 정도의 미스캐스팅은 극적 효과를 감소시킨다는 사실을 배역선정 시 간과해서 안 될 것이다.

4장

작품 분석

1. 작품분석의 목적

작품분석은 연출가가 짊어져야 하는 십자가와 같은 것이다. 작품분석이 잘못되면 작품에 참여하는 창작자들뿐만 아니라 공연을 보기 위해 극장을 찾은 관객, 더 나아가서는 그들의 배후에 있는 가족과 이웃은 물론 사회를 구성하고 있는 대중들에게까지 가장 직접적으로 영향을 미칠 수 있기 때문이다. 따라서 연출가는 사회를 이끄는 연극예술의 리더라는 자긍심과 사명감을 갖고 작업에 임해야 한다. 작품분석이 곧 그 시발점이 된다.

제작과정의 체계로 보면 희곡을 선정한 다음에는 극작가의 의도나 창작의 동기를 면밀하게 검토하여 극작가가 이 작품에서 표현하려고 한 것이 무엇인가를 구체적으로 명확하게 파악하는 작품분석이 필요하다. 연출가 중에는 희곡연구는 연습 과정에서 배우와 함께 한다는 생각을 가지고 준비 없이 연습부터 시작하는 사람도 있지만, 그것은 공연의 조직자로서 배우를 비롯한 모든 참여자로부터 불신받게 되어 연습 과정이 지리멸렬해지고 소중한 시간을 낭비하는 치명상을 입게 된다.

극본을 분석하는 목적은 우선 연출의 밑바탕이 되는 중심 사상을 발견하는데 있다. 작품을 연출해 나가는 과정에는 여러 가지 결정하지 않으면 안 되는 일들이 있다. 그래서 연출가의 임무는 선택과 결정의 연속이라고도 한다. 연출가는 어떤 배우가 더 나은 가를 결정하여야 한다. 배우는 그 역을 어떻게 연기 할 것인지, 말투나 몸짓은 어떻게 하는 것이 가장 좋은지를 수많은 가능성 속에서 결정해야만 한다. 또 무대디자이너가 제시한 무대장치의 형식, 가구의 종류, 벽의 색깔, 소도구의 배치를 결정해야 된다. 이와 같은 결정은 연습의 전 과정에 걸쳐서 모든 부분에 필요하게 된다. 만약 각각의 예술가가 제각기 자기의 주장을 고집하고 멋대로 한다면 연출가는 혼란 속에 빠져 통합하고 조정하는 능력을 상실하고 말 것이다.

극의 올바른 공연은 모든 예술가가 협력하여 하나의 통일된 극적 효과를 무대에 만들어 내려는 노력 속에서 가능하게 된다. 그러기 위해서 가장 먼저 가장 진지하게 해야 하는 작업이 작품분석인 것이다. 참여하는 모든 예술가들을 통합하고 조정할 수 있는 작품의 주제를 찾아내야 하고, 예술적 형식의 기초를 마련해야 하며, 공통으로 선택하고 결정할 수 있는 작품해석의 일관성과 통일성을 확립해야 하는 것이다.

2. 주제의 발견

통일에 필요한 공통의 견해는 연출가에 의해서 결정되는 일도 있고 또는 공연에 참가하는 모든 예술가의 집단 토론에 의해 결정되는 경우도 있다. 주제의 발견은 몇 번이든 극본을 읽으며 연구함으로써 어떤 하나의 해석의 바탕이 되는 것을 찾아내는데서 시작된다. 주제란 작품의 바탕이 되고 있는 사상, 즉 인간의 본성에 대한 극작가의 기본적인 관찰을 하나의 개념으로 서술한 것이다. 즉 작품의 중심이 되는 사상과 내용이다.

극작가는 때로는 의식적으로 하나의 주제를 가지고 희곡을 쓰는 경우가 있다. 이 경우 주제를 비교적 쉽게 발견할 수가 있다. 이와 같이 극작가가 말하려는 의도가 확실한 주제로 나타나 있는 극을 문제극(問題劇) 혹은 경향극(傾向劇)이라고 부르기도 한다. 극작가가 하나의 뚜렷한 문제를 작품 속에서 제기하고 극작가의 사회나 인생에 대한 태도와 경향이 분명하게 보이고 있기 때문이다.

사회적인 주제를 다룬 문제극의 극작가는 현대의 사회악을 비판하여 무언가 사회적 개혁을 실현하려고 노력한다. 헨릭 입센(Henrik Ibsen, 1828~1906), 버나드 쇼(George Bernard Shaw, 1856~1950), 하우

프트만(Gerhart Hauptman, 1862~1946) 등의 많은 근대극작들이 이 범주에 든다. 현대작가이긴 하지만 우리나라의 이각백(李康白, 1947~)의 여러 작품들이 정치사회적인 문제를 비판함으로써 정치사회를 개혁하고자 하는 주제를 담고 있다. 이와 같은 작품을 '사회문제극(Social Problem Drama)'라고도 한다.

그러나 주제가 극작가에 의해 의식적으로 전면에 나타나 있지 않을 때에도 극본 속에서 주제를 찾아낼 수는 있다. 일반적으로 극작가는 의식하고 있지 않았음에도 불구하고 극작가는 자신의 인생관을 어떤 형태로든 작품 속에 반영시키기 마련이다. 극작가는 자기체험으로부터 출발하지 않으면 작품을 쓸 수가 없기 때문이다. 만일 극작가의 체험이 일천하고, 인간이나 사회에 대한 관찰이 피상적이고, 그 사상도 미숙하다면 그의 주제 역시 하찮은 것일 수밖에 없을 것이다. 그렇게 되면 그가 쓴 희곡 또한 보잘 것 없는 작품이 되고 만다. 다만 주제는 어느 정도 견해의 문제이기도 하다. 하나의 극본으로부터 서로 다른 주제가 추출되는 일도 드물지 않다. 또한 같은 주제를 가지고 다른 플롯의 희곡을 쓰는 일도 있다. 중요한 것은 연출 중에 강조하지 않으면 안 되는 주제에 대한 의견의 일치를 보는 일이며, 그것으로써 무대 위에 예술적인 통일을 실현하는 것이다.

주제는 서술형식, 즉 짧은 문장의 형태로 나타내야 한다.

시, 소설, 희곡 등 문학작품을 읽은 사람에게 주제가 뭐냐고 물으면 쉽게 '사랑' '꿈' '야망'--- 이라고 답한다. 그러나 이것은 주제로써는 부족하다. 작품의 기본적인 문제점 혹은 아이디어의 요소일 뿐이다. 따라서 주제를 한 단어로 나타내서는 안 된다. 예를 들어 셰익스피어의 〈맥베스〉의 주제를 '야심'이라고 한 단어로만 말해서는 완전한 주제가 될 수 없다. 그것은 〈맥베스〉라는 희곡을 성립시키는 기본적인 문제점 혹은 한 아이디어에 불과한 것이다.

〈맥베스〉의 주제는 「본질적으로는 용감하고 고결한 인격을 가진 사람도 때로는 격렬한 '야심'에 사로잡힐 수 있으며, 그 성격적 결함 때문에 죽음과 파멸의 늪에 빠질 수 있다.」이다. 〈맥베스〉의 주제를 다음과 같이 설정하는 사람도 있다. 「'야심'적인 인간은 그릇된 수단을 써서라도 자기가 원하는 것을 손에 넣으려고 하다가, 그로인해 스스로의 몸을 파멸과 죽음에 이르게 한다.」 이 두 가지 주제에 공통되는 기본적인 문제점은 '야심' 이다. 그러나 서술된 내용은 각각 〈맥베스〉에 대한 두 개의 다른 견해를 보이고 있다. 그 결과 당연히 두 개의 다른 연출이 행하여지고 다른 무대가 만들어질 수 있는 것이다. 따라서 주제는 서술형식, 즉 짧은 문장의 형태로 나타내야 하는 것이다.

주제는 개념적인 말로 표현해야 한다.

주제는 보편적인 추상적 개념으로 표현되어야 한다. 주제와 플롯의 형태를 비교하면 왜 주제를 개념적인 말로 표현해야 하는지를 보다 쉽게 이해할 수 있다. 플롯은 등장인물이 휩쓸려드는 일련의 특정한 사건의 연속이기 때문에 구체적인 이야기의 줄거리로 표현 형태를 취해야 하지만, 주제는 사건 또는 사실과 현상의 일반적인 개괄화이기 때문에 이야기의 줄거리 전개를 어떤 관점에서 봐야 할 것인가, 하는 방향을 제시해야 하는 것이다. 특히 연출가가 주제를 찾아서 모든 연극창작과정에 통합적으로 활용하기 위해서는 개념적 표현이 되어야 하는 것이다.

주제는 교훈적인 것만은 아니다.

관객이 극장을 찾는 목적은 첫째 연극 경험을 통해 나름으로 삶의 의미를 가다듬고자 철학적 가치를 고양시키기 위함이고, 둘째 즐거움과 행복을 느끼는 오락적 체험에 있으며, 셋째 생활에 지침이 될 만한 도덕적 가르침을 깨닫기 위함에 있다. 또 어떤 사람은 자극을 받기 위해 극장에 간다고도 한다. 그럼에도 관객은 은연중에 교훈적인 주제를 기대한다. 아예 목적 자체를 교육적 가치에 두는 연극도 있다. 연극의 형식을 매개로 하여 교육적 효과를 높이고자 하는 '교육연극', 심리치료를 목적으로 하는 '사이코드라마', 포교의 수단으로 활용되었던 중세의 '종교극' 등이 교육 혹은 교훈을 목적으로 한 연극이다. 더 넓혀보면 공산주의를 선전하는데 활용되었던 '프로파

간다 연극(propaganda theatre)'도 교육을 목적으로 한 목적극이다. 실제로 극작가나 연출가도 주제를 설정할 때 교훈성에 기우는 경향이 있다는 사실을 무시할 수 없다. 그러나 주제가 반드시 교훈적이어야 하는 것은 아니다. 한 예로 테네시 윌리암스(Tennessee Williams, 1914~1983)의 〈욕망이라는 이름의 전차(A Streetcar Named Desire)〉(1947)의 주제는 교훈적이지 않다. 이 작품을 연출했던 엘리어 카잔(Elia Kazan) 은 〈욕망이라는 이름의 전차〉의 주제를 다음과 같이 설명한다.

「폭력과 난잡함과 거칠고 천한 힘이 존재하고 있는 미국남부의 암울한 사회 속에서 살고 있는 뒤틀린 삶의 허상을 움켜쥐고 암울한 내부로부터 호소하는 군상들의 울부짖음의 극이다.」

또는 표현을 바꾸어서 다음과 같이 말할 수도 있다.

「현실 사회에 자신을 적응시킬 수 없는 여인은 과거와 환상의 세계에서 살려고 하지만 현실의 거칠고 사나운 힘은 그 여인의 마지막 꿈의 세계조차도 빼앗아 버린다.」

이와 같이 주제는 교훈적이어야 하는 것만은 아니다. 주제를 발견하는데 있어서 보다 중요한 것은 극작가의 관점, 즉 그 작품 속에 그려져 있는 사건에 대한 극작가의 견해를 분명하게 하는 것이다.

주제는 독창적인 것만은 아니다.

연극창작에 참여해보면 독창적인 주제를 담아내려고 고심하는 희곡작가나 연출가를 볼 수 있다. 그러나 독창적인 사상이나 주장을 지녀야 좋은 작품인 것은 아니다. 오히려 오랜 연극의 역사를 보면 누구나 알고 있는 주제를 수십 번이나 되풀이한 경우도 적지 않다. '정의는 이긴다' '사랑은 모든 것을 정복한다' '선한 사람은 최후에는 행복하게 된다' 는 등의 주제는 지금까지 수없이 반복되어 온 주제의 기본형이다. 많은 극작품이 이와 같은 일반적인 의미를 담아 주제로 제시한다. 문제는 이러한 '정의' '사랑' '선의'라는 의미에 대한 극작가나 연출가의 사고방식이나 느낌의 유형이 어떻고, 관점이 무엇이냐 하는데 있다. 이것이 희곡이나 극작가 또는 연출가의 개성을 결정하는 중요한 요인이 되기 때문이다.

물론 주제 자체가 독창적이면 그만큼 그 희곡은 우리의 관심을 강하게 끌게 될 것이다. 에스킬러스(Aeschylus, 525~456 B.C)는 〈오레스테이아 3부작〉에서 복수와 복수가 거듭되는 한 가문에 내려진 저주의 이야기를 통해 야만과 문명의 가치를 깨우쳐 주고 있고, 소포클레스(Sophocles, 497~406 B.C)는 〈오디프스 왕〉에서 인간은 자신의 운명을 지배할 수 없다는 '운명의 불확실성'을 주제로 제기한다. 또 근대연극의 선구자 입센(Henrik Ibsen, 1828~1906)은 〈유령〉을 통해 전근대적인 규범, 가치관, 종교적 위선, 불륜, 근친상간, 성병, 안락사 등을 유령으로 상징화하여 주제를 논증적으로 제시함으로써 근대를 일깨우고 있고, 스트린드베리히(August

Strindberg, 1849~1912)는 〈미스 줄리(Miss Julie)〉에서 남성과 여성간의 본질적이고 필연적인 갈등이 무엇인지를 주제로 제시하여 엄청난 센세이션을 일으킨 바 있다. 부조리연극을 대표하는 극작가 사무엘 베케트(Samuel Beckett, 1906-1989)는 〈고도를 기다리며〉에서 인간의 삶을 '기다림'으로 정의하고 그 기다림이 무엇인지는 관객의 몫으로 남기면서 인간 존재의 부조리성을 주제로 나타내고 있다. 참으로 위대한 극작가들의 위대한 작품의 독창적인 주제가 아닐 수 없다. 그러나 이러한 독창적인 주제를 담고 있는 작품들은 그렇게 쉽사리 쓰여지는 것이 아니다. 그만한 세계관, 역사관, 인생관이 확립된 극작가만이 가능한 일이다. 그렇다고 독창적인 주제여야 훌륭한 작품이 된다는 말은 아니다. 여성의 아름다움을 그린 그림은 수 없이 많다. 많이 있기 때문에 새삼스럽게 여성의 아름다움을 그리는 것은 쓸데없는 짓이라고 할 수는 없는 것이다. 문제는 그 아름다움을 느끼고 받아들이는 유형이 무엇인가가 훌륭한 작품의 관건인 것이다.

3. 그림으로 형상화 한 주제

주제를 찾아서 짧은 문장의 형태로 표현하는 일은 그리 어렵지도 않고 또 연출을 맡은 사람이면 누구나 해야 하는 당연한 일이다. 그러나 시각적 표현이 대부분인 무대화 작업에 짧은 문장의 형태만으로는 한계가 있을 수밖에 없다. 글로 되어있는 주제를 장면을 구현하기 위한 시각적 이미지로 전환하는 과정이 극히 경험적이면서 감각적이고 다양해서 연출의 방향을 정확하게 전하기 어렵기 때문이다. 이러한 한계를 단숨에 해결할 수 있는 방법이 주제를 그림으로 표현해보는 것이다. 연출의 시각화 작업에 절대 필요한 일이다. 또 흥미롭고 공감을 받기 쉬운 일이다. 역사상 위대한 연출가들의 연출대본을 보면 장면마다 필요한 메모와 함께 시각적 이미지를 스케치한 그림들이 기재되어 있는 것을 볼 수 있다. 영국의 연출가 에드워드 고든 크레이그(Edward Gordon Craig, 1872~1966), 빈 공간의 연출로 유명한 피터 브룩(Peter Brook, 1925~), 현대연기방법을 체계화 한 러시아의 스타니슬라브스키(Stanislavski, 1863~1938), 일본의 현대연출가 니나카와 유키오(蜷川幸雄, 1935~2016) 등의 연출대본이 좋은 예들이다.

'그림으로 형상화 한 주제'란 시각적인 인상이나 그림을 말한다. 이것은 연출가가 하고자 하는 희곡의 느낌이나 분위기와 밀접한 관계가 있다. 영국의 연출가 에드워드 고든 크레이그(Edward Gordon Craig, 1872~1966)는 연출에 관한 고전적 명저라고 할 수 있는 『극예술에 관하여』(1911)에서 〈맥베스〉의 도식적 형상을 다음과 같이 표현하고 있다.

「나에게는 두 개의 것이 보인다. 높고 험한 바위산과 그 봉우리를 에워싸고 있는 비구름. 바위산은 격렬한 전투적인 인간들이 사는 장소이고, 비구름은 요괴들이 소굴을 이루고 있는 장소이다. 최후에는 비구름이 바위를 파괴할 것이고, 요괴들 이 인간을 파괴하게 될 것이다」

〈맥베스〉에 대한 일반적인 관점으로도 충분히 이해할 수 있는 그림으로 형상화 한 주제이다. 주제의 도식적 형상화는 시각적 이미지의 구축이다.

일반적으로 셰익스피어의 비극이나 혹은 테네시 윌리엄스의 〈욕망이란 이름의 전차〉와 같은 작품은 주제를 말로서 파악함과 동시에 도식적 이미지로도 표현함으로써 연출의 방향을 구체적으로 명확하게 한다.

일본의 연출가 니나카와 유키오가 〈욕망이란 이름의 전차〉(1988)를
연출하면서 주제를 형상화한 3장의 그림(上)과 실제 공연 장면 사진(下)

『Note 1969-2001』 蜷川幸雄, 河出書房新社, 2002, 東京

일본의 연출가 니나카와 유키오는 1988년 〈욕망이란 이름의 전차〉를 연출하면서 위 3장의 그림으로 주제를 형상화했다. 세 그림 모두 망가진 액자와 화폭에 못을 박아 고정시킨 듯한 불안정한 이미지이다. 특히 첫 번째 그림은 약간 기운 검은 건물이 허물어져 내리는 밑에 사람들이 모여 있고, 건물 왼쪽엔 탁한 색의 둥근 모양의 물체가 공중에 떠있고, 밑에는 그 그림자가 스케치 되어있다. 건물의 부서져 내리는 부분과 중간에 큰 대못이 박혀있다. 대못은 둥근 모양의 물체와 그 밑의 그림자에도 하나씩 박혀있다. 그림을 보자마자 〈욕망이라는 이름의 전차〉의 주제_폭력과 난잡함과 거칠고 천한

힘이 존재하고 있는 미국남부의 암울한 사회 속에서 살고 있는 뒤틀린 삶의 허상을 움켜쥐고 암울한 내부로부터 호소하는 군상들의 울부짖음의 극이다—와 딱 맞는 형상임을 직감하지 않을 수 없다. 망가진 액자와 화폭, 약간 기운 검은 건물이 허물어져 내리는 건물은 암울한 사회를, 공중에 떠 있는 둥근 모양과 그림자는 허상을 움켜쥐고 있는 암울한 삶을, 그리고 곳곳에 박혀있는 대못은 폭력과 난잡함과 거칠고 천한 힘을 상징한다. 두 번째 그림의 나비들은 거칠고 사나운 힘 속에서 나부끼는 주인공 브랑쉬의 환상과 꿈을 그리는 듯하다. 또 마지막 허름한 건물을 화폭 꽉 차게 그린 것은 도피할 수 없는 가장 현실적인 삶의 공간을 있는 그대로 그리고 있는 이미지이다. 공연 사진을 보면 이 그림들이 무대 전반을 지배하고 있음을 알 수 있다.

4. 선(line)의 이미지

선은 기본적으로 직선과 곡선이 있다. 직선은 수직선과 수평선이 있고, 직선과 직선이 만나는 지점에 각(角)을 주면 직각(直角; 90도), 예각(예각; 0보다는 크고, 직각보다는 작은 각), 둔각(鈍角; 직각보다 크고, 180보다 작은 각)에 의한 선의 모양이 만들어진다. 곡선은 긴 곡선, 짧은 곡선, 원(圓), 원호(圓弧; 원이 끊겨져 있는 모양) 등의 모양이 있다. 이 선들의 집합이 무한한 공간을 구분하고 만물의 모양을 만들어낸다.

이러한 선을 희곡의 주제가 요구하는 분위기로 생각해 볼 수 있다. 여기서 말하는 선은 무대장치나 가구 따위의 선뿐만 아니라 배우들의 동작, 그들이 취할 위치나 자세, 심지어는 의상의 모양이나 무늬까지 무대에 존재하는 모든 선과 선의 궤적을 말한다. 이 선과 선의 궤적은 희곡의 중심이 되는 사상, 즉 주제와 밀접한 관계를 지니는 것으로서 통일된 예술적 효과를 무대 위에 만들어내는데 중요한 요소가 된다. 그러나 처음부터 의자나 테이블 등 가구의 모양, 벽지의 무늬, 또는 배우의 몸이 만들어내는 선 등에 대하여 생각해서는 안 된다. 희곡의 선은 먼저 희곡의 분위기를 가장 잘 나타내는 추상적인 선의 집합으로 생각해야 한다.

희곡의 선은 하나의 주관적 요소일 뿐이다. 따라서 그 효과에 대하여 명확하게 제한할 수는 없다. 다만 선의 구성이 우리에게 어떤 감정을 갖게 하기 때문에 포괄적 추상적 개념으로 인지된다는 것은 분명하다. 예를 들어 극본이 자아내는 느낌이 숭고하고 비극적인 것이면 아마도 긴 수직선으로 된 선의 구성이 머리에 떠오를 것이고, 명랑하고 희극적인 것이라면 작은 곡선이나 원의 무늬일 것이며, 환상적인 것이면 긴 곡선이 떠오를 것이다. 이 선들은 어떤 특정한 물체의 모형을 나타내는 것은 아니다. 또 무언가를 구체적으로 그린 것도 아니다. 단지 작품의 분위기를 추상적인 선의 무늬로서 나타낸 것뿐이다. 이 역시 도식적 형상화나 색의 조합과 마찬가지로 시각적 효과를 만들어 내는 중요한 요소이다.

선의 이미지를 분류해보면 대체로 다음과 같다.

수직선

수직선을 비주얼(visual) 개념으로 보면 진지하게 생각하게 하는 가장 씨리어스(serious)한 선이다. 그래서 수직선은 고귀하고, 엄숙하고, 종교적인 느낌을 준다. 그리스 비극, 셰익스피어의 비극에 잘 어울리는 선의 이미지이다.

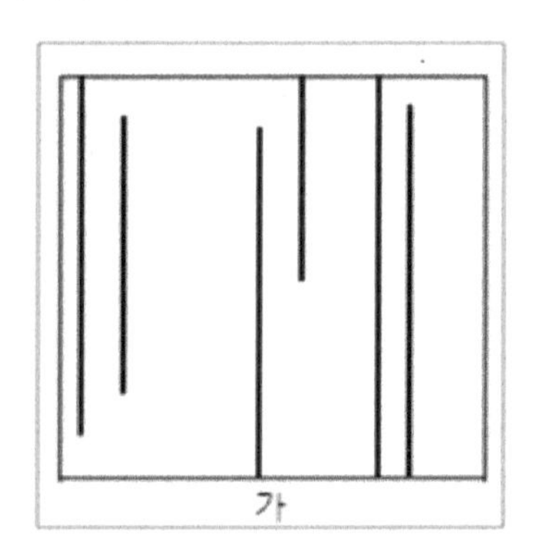

수평선

수평으로 그린 선은 세상사와 같은 현실적 느낌을 준다. 헨릭 입센의 〈인형의 집〉 〈유령〉, 아서 밀러의 〈세일즈맨의 죽음〉과 작품과 같이 사회성이 짙은 작품에 어울리는 선의 이미지이다.

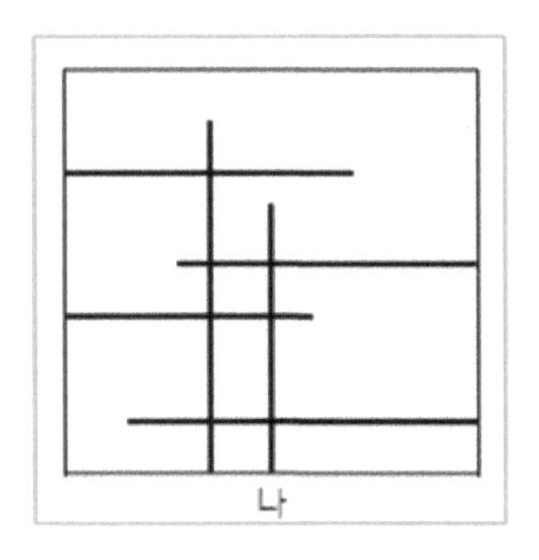
나

짧은 곡선과 작은 원호

짧은 곡선과 작은 원호(圓弧; 원이 끊겨져 있는 모양)는 희극적인 느낌을 준다. 코미디 특히 소극(笑劇)과 같이 오로지 웃기는 것을 목적으로 하는 작품에 어울리는 선의 이미지이다.(그림 다)

다

톱니모양의 선과 예각

톱니 모양의 선과 예각으로 이룬 선의 구성은 감정을 강하게 자극하고 흥분시키는 느낌을 준다. 페르난도 아라발의 〈환도와 리스〉〈장엄한 예식〉 등과 같이 강한 자극적인 작품이 톱니모양의 선과 예각의 느낌을 준다.(그림 라)

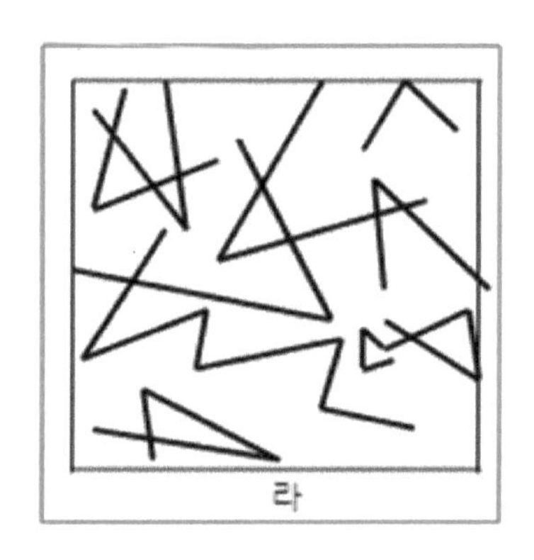
라

길고 완만한 곡선

길고 완만한 곡선은 관능적인 또는 환상적인 느낌을 준다. 셰익스피어의 낭만 희극들, 마광수의 〈나는 야한 여자가 좋다〉 등이 있다.

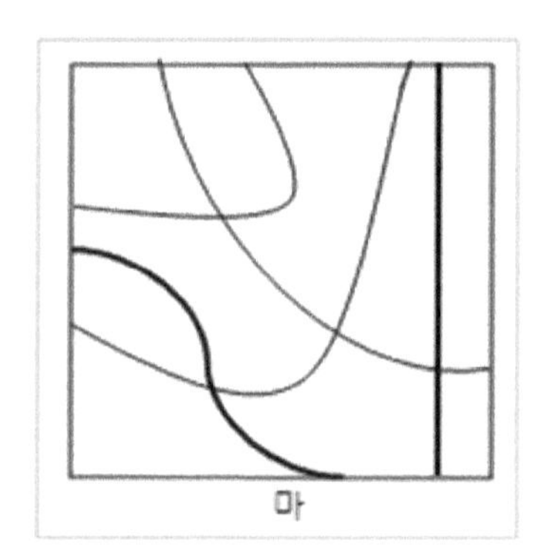
마

그러므로 희곡의 중심이 되는 사상이 비극적이고 숭고한 것을 암시하는 것이면, 선의 구성은 결코 짧은 곡선이나 예각으로는 되지 않을 것이다. 왜냐하면 그것은 주제를 부정하는 것이 되기 때문이다. 마찬가지로 명랑한 희극의 경우, 긴 수직선의 구성은 절대 어울리지 않을 것이다. 이와 같은 선의 구성원리는 당연히 무대장치의 계획과도 관계하게 된다. 뿐만 아니라 배우의 움직임도 선의 이미지가 당연히 적용된다. 예를 들어 오이디푸스 왕이나 리어 왕의 움직임은 무대 뒷면(up-stage)에서 무대 앞면(down-stage)으로 이동하는 긴 직선을 중심으로 이루어질 것이고, 헨릭 입센의 〈유령〉에 나오는 인물들은 거의 수평선을 오가는 움직임을 이루어낼 것이다. 또 〈백설 공주〉의 일곱 난장이들은 작은 원이나 짧은 곡선의 움직임을 보여줘야 코믹하고 재미있을 것이고, 반면에 백설 공주는 길고 완만한 곡선을 이루는 움직임이어야 보다 환상적인 분위기를 보여주게 될 것이다. 의상의 무늬도 유사한 원리를 적용할 수 있을 것이다. 물론 이 모든 원리가 절대적이지 않다는 사실도 염두에 두지 않으면 안 된다.

5. 색채(color)의 이미지

몇 번이고 되풀이하여 극본을 읽게 되면 차츰 희곡의 무대 이미지가 머릿속에 떠오르게 된다. 그리고 그 이미지와 결부된 어떤 색채를 떠올릴 수 있다. 아마도 그 색은 무심코 떠오른 것으로써 왜 그 색이 이 희곡의 색채인가 하는 이유는 설명할 수 없을지도 모른다. 그러나 몰라도 상관없다. 다만 느낌을 설명할 수만 있으면 된다. 동일한 작품이지만 어떤 사람은 빨간색과 초록색이라 하고, 어떤 사람은 갈색과 황색이라고 말할 수도 있다. 물론 이 색은 아직 무대장치의 색도 아니고 의상의 색상도 아니다. 구체적인 물체의 색이 아니라 희곡의 분위기를 나타내는 추상적인 색인 것이다.

앞서 '그림으로 형상화 한 주제'에서 언급한 연출가 고든 크레이그의 『극예술에 관하여』를 보면 〈맥베스〉의 색채를 다음과 같이 말하고 있다.

「셰익스피어가 우리에게 보여주고 있는 색은 어떤 색일까? 처음부터 자연의 색을 생각해서는 안 된다. 먼저 희곡을 보라. 거기에는 두 가지색이 있다. 하나는 바위 즉 인간을 나타내는 색이고, 다른 하나는 안개 즉 요정의 색이다. 그 밖의 다른 색에는 조금도 관심을 두어서는 안 된다. 장치와 의상을 고안할 때는 오직 이 두 색만 추구하라. 다만 색은 각각 다양하게 변화될 수 있다는 것을 잊어서는 안 된다.---- (생략) ---- 여러분들의 마음속에는 아직도 이 바위와 안개에 대하여 미심쩍은 마음을 가지고 있을 것이다. 이 극본의 여러 곳에 이른바 옥내장면(맥베스의 성 혹은 궁중 안)이 나오기 때문이다. 그러나 염려할 것 없다. 성의 내부는 이 바위산에서 채석한 돌로 만들어져 있다. 처음에는 분명히 채석한 돌과 같은 색이었을 것이다. 그러나 도끼로 큰 돌을 떼어낸 부분에는 눈과 비, 서리, 번갯불 등의 자연이 남긴 자국과 같은 무늬가 생겼을 것이다. 그렇다면 앞질러서 생각한다든가 인상을 바꿀 필요가 없을 것이다. 색의 변화를 주면 된다. 즉 바위는 갈색, 안개는 회색이라는 색에 변화를 주면 되는 것이다. 이 방법에 따라 실행하면 참으로 신기하게도 통일이 이루어진다. 따라서 성공과 실패는 이 두 가지 색으로부터 변화를 만들어 내는 능력에 달려 있다. 그런데 각 장면에서 변화를 추구할 때는 극 전체의 주요한 주제로부터 결코 벗어나서는 안 된다.」

고든 크레이그는 이와 같은 방법으로 추구한 〈맥베스〉의 색을 갈색과 회색으로 본 것이다. 인간의 세계인 바위색은 갈색, 안개 즉 요정의 색은 회색으로 본 것이다. 물론 이에 동의할 필요는 없다. 그러나 그의 생각은 충분히 이해할 수 있다.

6. 작품분석과 형상화

통일성 있는 연출을 수행하기 위해 지금까지 설명한 작품분석과 형상화 과정을 정리하자면 먼저 중심이 되는 사상 즉 주제를 발견한 다음, 그 주제를 그림으로 형상화 하고, 선의 이미지로 표현하고, 색채의 이미지로 구성하는 단계를 거쳐 통일성 있는 연출을 수행할 수 있도록 철저하게 준비해야 한다.

문제는 분석의 결과를 연습의 모든 과정 속에서 어떻게 구현해 나가느냐 하는 것이다. 이것은 연출가뿐만 아니라 공연에 참가하는 모든 예술가의 문제이기도 하다. 모든 결정은 당연히 작품분석을 기초로 해서 행해져야 한다. 연출 작업은 여러 가지 이미지화 되어있는 아이디어를 형태 있는 것, 즉 배우의 몸이나 동작, 목소리, 의상, 무대장치, 소도구 등의 형이하학적인 물체로 바꾸는 일이다. 여기서 중요한 것은 각 분야의 예술가들이 전하고자 하는 사상이나 정서를 받아들여 통합하고 조정하고 조화를 이루어 생생한 공연이 될 수 있도록 하는 연출의 본분이다. 만약 형이하적인 물체가 사상도 정서도 없는 무의미한 것이라면 그것은 죽어있는 것이나 마찬가지이고, 무질서하게 움직일 뿐이며, 관객에게 아무런 정서적 체험도 주지 않을 것이다. 무대 위에서 형이하적인 요소는 모두 극본 분석의 결과를 기초로 해서 하나하나 선택하지 않으면 안 된다. 이 과정을 통하여 극본의 중심을 이루는 사상이 구체화 되어가는 것이다.

앞에서 〈맥베스〉에 대하여 두 가지의 주제가 있을 수 있다고 설명하였다. 하나는 「본질적으로는 용감하고 고결한 인격을 가진 사람도 때로는 사나운 야심에 사로잡혀서 그 성격상의 결함 때문에 죽음과 파멸의 늪에 빠져들게 되는 일이 있다.」고 하는 것이고, 다른 하나는「야심적인 인간은 그릇된 수단을 써서라도 자신이 바라는 것을 손에 넣으려고 하며 그 때문에 스스로를 파멸과 죽음으로 몰아간다.」고 하는 것이다. 이 두 개의 다른 주제는 각각 다른 무대를 만들게 된다. 물론 이 두 개의 주제는 수많은 주제 중의 일부에 지나지 않는다. 만약 첫 번째 주제에 따라 연출하려고 한다면, 맥베스는 사려있는 인간적 감정을 가진 인물을 연기 할 수 있는 배우가 선정돼야 한다. 이는 맥베스가 내면적으로 약한 인간인 것이다. 그리고 연출에 있어서는 희곡의 문학적인 선이 강조되며 다른 인물들의 배역이나 행동도 기본적으로는 이와 같은 생각에 따라 결정돼야 한다. 맥베스 부인도 강인함을 노골적으로 표현하기보다는 겉으로는 온순하고 인간적인 감수성이 있지만 내적으로는 용감하고 강인한 인물로 그려져야 할 것이다. 그 밖의 인물들도 모두 희곡의 기본적인 행동이 맥베스 자신과의 싸움에 있는 것과 같이 연기하지 않으면 안 된다.

반대로 두 번째 주제에 따라 극이 연출될 경우에는 무대는 더욱 외면적이고 멜로드라마틱한 것이 된다. 맥베스는 인간적인 감수성을 그다지 가질 필요가 없으며, 따라서 배우의 선택도 달라진다. 연기에 있어서도 맥베스는 생각한다든가 고민한다든가 하지 않는다. 비록 자신의 행위에 대하여 주저하는 일이 있더라도 그것은 인간으로서 자기 행위에 대한 반성이 아닌 순간적인 공포이며, 야심이 달성되지 않은 경우에 대한 본능적인 불안으로서 인간이 지닌 에고이즘과 행동력의 덩어리이다. 극적인 대립행동은 이미 내면적인 것이 아닌, 그와 외부 세계와의 싸움인 것이다. 그가 싸우는 상대인 외부세계는 극중의 다른 인물들에 의하여 형성된다. 그러므로 그들도 첫 번째 주제일 때와는 달리 맥베스에게 보다 확실하고 직선적인 영향을 줄 수 있도록 힘차게 악센트를 주어서 연기해야만 한다. 맥베스 부인도 강하고 당당하게 맥베스에게 살인을 권하고, 맥베스의 주저하는 마음을 격려하면 된다. 이 주제에 의하면 던컨은 죽음을 당하기 위하여 세상에 태어난 사나이가 아니면 안 된다. 모든 것은 맥베스를 살인죄로 몰아넣게끔 엮어지는 것이다.

맥베스를 무모하고 난폭하고 야만스러우며 어리석은 사나이로 그릴 수도 있다. 실제로 그러한 인물로 맥베스를 연기한 공연도 있었다. 그때 성 장면의 무대장치는 검은 반원형의 늘어진 막을 배경으로 하여 몇 개의 고딕풍의 아치가 굵은 선으로 구성된 것으로서 극의 진행에 따라 이 아치가 차츰 균형을 잃고 삐뚤어지도록 설계되어 있었다. 이것은 곧 죄를 범하고 광기에 빠져드는 인간의 눈을 통하여 붕괴되어가는 세계를 관객에게 보여주려는 것으로써 새로운 병리학적인 〈맥베스〉라고 할 수 있다.

또 흑인들만으로 조직된 극단이 무대배경을 스코틀랜드로부터 하이티로 옮겨서 공연한 적도 있었다고 한다. 대사는 원작 그대로였지만 맥베스는 장군으로서가 아닌 하이티의 추장으로서 공연 되었다. 거인인 흑인 추장 맥베스는 진홍색 상의를 입고 등장하며, 마녀들은 하이티 종교의 무녀들로서 녹색의상을 입고, 이 지방에서 실제로 쓰이고 있는 마법을 사용하는 것이다. 극 전체의 중심이 초자연적인 마력을 가진 종교와 인간과의 대립으로 바뀐 것이다. 이것은 원시인적인 〈맥베스〉이며, 색채의 형상으로 나타낸다면 고든 크레이그의 갈색과 회색과는 반대로 적색과 녹색 그리고 흑색의 강렬한 원색의 〈맥베스〉였던 것이다.

필자가 지도한 학생극 〈맥베스 2011〉에서는 주제를 정치적 야망에 사로잡힌 한국의 대통령에 초점을 맞춰 전래동요의 소리와 몸짓으로 꾸민 놀이연극 형식으로 공연했던 적이 있다. 이 때 마녀들은 점쟁이로 설정하여 현실적 재미를 더해주는 묘미도 있었다.

이처럼 주제설정에 따라 다양한 〈맥베스〉 공연이 가능하다. 훌륭한 작품은 시대에 따라 또는 배우와 연출자의 해석에 따라 여러 가지 다른 형식으로 공연될 수 있는 깊이와 폭을 지니는데 있다고 해도 틀린 말이 아니다. 이러한 새로운 해석의 근본은 희곡의 중심이 되는 주제 즉 작가의 사상이므로 작가의 사상을 충분히 파악하여 그 가치를 계획된 형식으로 구현해야 한다.

5장

연출 계획

1. 연습계획

연극연출을 하면서 매우 중요하면서 어려운 것은 연습의 조직과 진행이다. 공연 순서나 무대장치 제작, 조명설치와 같은 것들은 책을 읽고 현장의 조건에 따라 기술적으로 조작할 수 있지만, 연극연출은 교육과 같아서 각각 다른 소질과 성격을 가진 개인을 인간적인 상호 접촉 속에서 개성을 잃지 않도록 주의하면서 하나의 공통목표를 향해 통합하고 조정해가는 작업이다. 따라서 기계적으로는 할 수 없는 일이 연극연출이다. 나타난 현상을 풀어나가면서 지향하는 것이지, 일정한 공식이 지닌 기술이 아니다. 이런 점에서 연출가는 풍부한 경험과 지식, 그리고 예리한 직감력을 갖고 있어야 한다.

교육을 잘하기 위한 교수법이나 교육학, 그리고 수업계획이 존재하듯이 연출 작업도 체계화된 연출법과 계획이 필요하다. 연극연습은 배우와 연출가 모두 극을 배워서 자신의 것으로 체득해가는 과정이다. 무언가를 배워가는 과정에는 일련의 정해진 단계가 있듯이 연극연습도 생성되어가는 과정이 있다. 연출가는 전문가든 아마추어든 이 연습 과정의 단계를 주의 깊게 지켜가며 연습을 진행해야 바람직한 성과를 올릴 수 있다.

연출자는 확신에 찬 내용일지라도 단번에 가르치려 하고, 그 즉시 성과가 나길 기대해서는 안 된다. 왜냐하면 연극은 살아 성장하는 생물처럼 필요한 만큼의 양분과 양분을 분해하고 흡수하는(체득하는) 시간이 주어져야 하는 과정예술이기 때문이다. 따라서 연습 과정은 논리적이고 적절해야 하며, 인내를 갖고 상황에 맞춰 적확한 지시를 내려야 하고, 결점은 명확하게 지적하되, 자연스럽게 고쳐지도록 도와주고 기다려줘야 한다. 연출가는 자신이 생각하고 있는 구상을 배우가 스스로 수행할 수 있도록 연습을 진행해야 한다. 물론 배우 또한 연습의 각 단계에서 무엇이 요구되고 있는지, 무엇이 중요한지를 알고 있어야만 한다. 만약 연출가가 등장인물의 성격 연구에 열중하고 있을 때 배우가 템포 문제를 걱정하거나, 연출가가 무대 움직임을 구상하고 설정하느라 바쁠 때 배우가 대사연습에 신경을 쓰고 있다면 연습의 상호작용이 이루어지지 않아 연습의 진도가 정체될 것이다. 따라서 창작진 모두 연습계획과 연습단계를 사전에 인지하여 단계마다 자신이 해야 할 임무가 무엇인지를 정확하게 알고 일을 착오 없이 수행할 수 있어야 한다.

연습 과정은 대개 4단계로 이루어지는 것이 보통이다.

1) 작품을 분석 · 연구(analysis and research)하는 단계 — 배우에게 희곡의 사상, 구상, 연출 방침 등을 이해시킨다. 세분하면 작가분석, 작품분석, 사건분석, 인물분석, 대사분석으로 나누어진다.

2) 움직임(movement)을 구상하고 결정하는 단계 — 인물의 등·퇴장, 위치, 동작 등을 연구하여 결정한다. 흔히 '동작선 만들기(blocking)단계' 라고도 한다.

3) 세부묘사(detail)를 연구하고 결정하는 단계 — 흔히 '디테일단계' 라고 하는 형상화단계로써 등장인물의 형상을 자세하고 깊이 있게 파고 들어가 역을 행동을 연구하고, 수행하고, 체득하는 단계이다. 등장인물의 성격 창조가 구체화 되고 완성되는 과정으로써 가장 많은 시간이 필요한 단계이다.

4) 마무리(polish)하는 단계 — 조명, 음향, 의상 등과 배우의 움직임을 맞춰보는 테크니컬 리허설(technical rehearsal), 드레스 리허설(dress rehearsal)이 시행되는 단계로서 극 전체의 효과와 통일을 검토한다. 이 단계의 핵심은 극 전체의 템포와 리듬, 그리고 앙상블을 완성하는 것으로 반드시 공연될 본무대를 활용해야 함은 물론이다. 공연과 유사한 연습을 수행하는 총연습도 마무리 단계에서 이루어진다.

5) 공연(performing)단계 — 시연회와 본 공연을 묶어서 공연단계라 하는데, 반드시 관객이 존재해야 한다. 다만 시연회는 일반관객이 아닌 평론가, 연극담당 기자, 후원회원, 내외귀빈, 그리고 마케팅 차원의 선별된 관객으로 채워진다. 실제 공연의 모든 조건을 완벽하

게 갖추어진 상태에서 작품의 완성도를 전제로 이루어지기 때문에 연출가는 순조로운 공연이 될 수 있도록 각 분야의 준비상태를 점검하고 격려하는 정도로 임한다.

배우가 희곡의 사상이나 구상에 대해 제대로 이해하지 못했는데 갑자기 마무리 연습에 들어갈 수는 없다. 또 배우가 어디서 등장하고, 어디로 퇴장하며, 어떻게 움직여야 하는지를 모르는데 인물의 세부 형상화로 들어갈 수는 없는 것이다. 그렇게 되면 배우는 갈피를 잡을 수 없게 된다. 배우가 먼저 희곡을 전체적으로 이해한 다음에 인물의 동작과 성격을 파악하고 행동이 결정된 후 전체적인 마무리로 들어가는 것이 당연한 일이다.

그러나 모든 작품을 반드시 이 네 가지 연습단계에 맞춰 연습해야 하는 것은 아니다. 공연작품의 규모나 형식에 따라 생략할 수도 있다. 당연히 각 단계에 필요한 시간도 합당한 만큼 할애하면 된다. 아마 가장 긴 시간이 필요한 단계가 3단계 '세부묘사(detail)를 연구하고 결정하는 단계'이다. 최소한 연습 시간의 4분의 3정도는 투자되어야 할 것이다. 이렇게 연습 시간의 분배를 구체적으로 정하고, 연습의 각 단계를 유기적으로 연결하며, 전체를 통일해가는 계획을 미리 세우는 것은 연출자에게 매우 중요한 작업이다.

2. 연습 기간과 시간

연습 기간과 시간은 한 마디로 규정하기 쉽지 않다. 왜냐하면 작품에 따라, 배우나 연출가의 능력과 경험에 따라 달라질 수 있기 때문이다. 능력과 경험이 풍부한 연출가일지라도 연습 기간이나 시간이 충분하다고 생각하는 경우는 거의 없을 것이다.

하지만 일반적으로 장막극의 경우, 하루 평균 6시간 연습에 적어도 30일, 총 시수로는 최소한 180~200시간은 가져야 한다. 따라서 하루에 연습을 3시간 할 경우, 연습 기간을 그 배인 60일로 계획해야 한다. 그러나 이것은 어디까지나 최소한의 연습 시간을 말한 것이므로 그 이상의 연습 시간을 잡는 것은 당연하다고 하겠다.

물론 연습 성과가 시간과 비례하는 것은 아니다. 그 시간을 얼마나 유효하게 사용하는가가 중요하다. 가령 단막극일 경우, 총 30시간 연습하면 된다고 해서 매일 8시간씩 4일 연습하면 되는 게 아니다. 3시간씩 10일 연습하는 것과 총 시수는 같지만, 실제적으로는 매일 3시간씩 10번 연습하는 편이 훨씬 효과적이다. 연극은 한꺼번에 완성되는 것이 아니라 조금씩 성장해가면서 완성되는 과정의 예술이기 때문이다. 좀 더 빨리 성장하기 위해서는 짜임새 있는 연출

계획과 배우들의 성실한 연습 태도가 연습 과정에 녹아들어야 한다.

역할을 연기한다는 것은 배우가 다른 인물로 변화하여 행동하는 것이다. 그 변화를 위해 필요한 여러 가지 요소를 각본에서 찾아내 배우 자신의 정신과 감각을 역할 속에 정착시키려면 그 역할의 세계를 이해하고 공감하는 소통의 시간이 필요하고, 이 시간은 길면 길수록 내공의 힘이 발휘될 것이다. 배우는 연습 시간 외에도 자신이 형상화해야 할 인물의 세계를 떠올리면서 여러 가지 표현양상을 구상해야 한다. 그러한 노력과 생각하는 시간을 주기 위해서라도 연습 기간은 어느 정도의 길이가 필요하다.

연극연습은 한정된 기간과 시간 안에 진행되기 때문에 효과적인 연습 방법과 시스템을 생각하지 않을 수 없다. 물론 극본의 특성과 연습 장소, 배우의 역량에 따라 다르겠지만 일반적으로 장막극일 경우 다음과 같은 체계로 진행하면 효과적일 수 있다.

극본 전체를 읽으면서 분석ㆍ연구하는 대본 연습(1단계 연습)이 끝날 무렵, 병행해서 제1막의 움직임을 구상하고 결정하는 동작 연습에 들어간다. 필요한 만큼 계속하다가 1막의 동작이 정해지기 시작할 무렵 2막의 움직임을 구상하고 결정하는 동작 연습에 들어간다. 이 과정에서 1막의 세부묘사(detail)를 함께 연구하고 결정한다. 1막이 어느 정도 완성되고 제2막의 동작이 정해질 무렵부터 제3막으로 들어간다. 이번에는 2막의 세부와 제3막의 동작을 병행하여 만들어간다. 이때쯤 1막의 세부적인 묘사가 어느 정도 완성될 것이다. 1막의 세부 묘사가 어느 정도 완성되면 그때부터 2~3일 간격으로 연습해도 될 것이다. 1막이 완성될 때까지 다른 막으로 들어가지 않는 방식은 현명하지 않다. 왜냐하면 배우는 희곡 전체를 통해 자신이 연기해야 할 역할의 행동을 종합적으로 파악하면서 역 창조를 할 수 있게 되기 때문이다. 또 연습의 마지막 단계에서 하루의 연습을 최종 막부터 시작하면, 거꾸로 1막과 2막에서 놓쳤던 참신한 행동을 발견하는 부수적인 효과까지 얻을 수 있다.

연습은 공연을 위한 끊임없는 반복의 과정이다. 그러나 단순한 반복이어서는 안 된다. 되새김질하듯 끊임없이 씹어 삼킴으로써, 농축된 삶의 현상이 완성되는 무대표현이 되어야 한다. 모든 창작진에게 연습은 새로운 발견이고, 완성으로 가는 길이다. 동작이 역할에 대한 이해를 깊게 하고, 대사 표현법이 동작에 변화를 주고, 인물의 형상화를 점점 뚜렷한 것으로 만들어가는 연습체계가 확립될 때 비로소 좋은 공연이 될 수 있는 것이다. 연습 시간은 이러한 연습내용과 밀착될 수 있도록 짜임새 있게 배분하는 것이 대단히 중요하다.

3. 연습 전에 준비해야 할 사항

연출가는 연습 준비과정을 통해서 희곡을 이해하고 연출적 관점을 확립해야 한다. 이야기 속에 나오는 사건, 사건의 의미, 인물의 상호관계, 각 장면에 대한 연출적 가치, 예상되는 관객의 반응 등을 알아야 한다. 연출가는 이러한 내용을 연습이 시작되기 전에 완벽하게 이해할 필요가 있다. 그러기 위해는 극본을 꼼꼼히 연구해야 한다. 연습이 순조롭게 진행되기 위해서는 이러한 준비작업이 충분히 이루어져야 하는 것이다.

이와 함께 연출가는 작품의 소재, 역사적 · 사회적 배경 등도 연구해야 한다. 체홉의 〈벚꽃 동산〉을 공연하는 경우, 체홉의 다른 작품이나 서간, 체홉에 관한 연구서, 러시아의 역사 등을 읽고 작품의 문학사적 · 사회사적 · 경제사적인 배경을 확실하게 알고 있어야 하는 것이다. 이와 같은 극본의 내적 조건과 배경을 분명하게 파악했을 때만이 정상적인 연습에 들어갈 수 있다.

또한 연출가는 연습에 앞서 여러 가지 결정해야 할 사항들이 있다. 그렇지 않으면 연습 과정에서 배우에게 조언할 일이 생겼을 때 명쾌한 지시를 정확하고 신속하게 내릴 수 없게 됨은 두말할 필요가 없다. 반드시 결정해두어야 할 사항을 정리하면 다음과 같다.

1) 극본의 중심이 되는 사상을 결정하고, 그에 따른 주제의 도식적 형상화, 주제의 선과 색채의 이미지, 극본의 전체적인 특징 등을 명확하게 결정하고 있어야 한다. 이에 대한 자세한 내용은 이미 제Ⅳ장에서 나누었다.

2) 등장인물들의 기본적인 인간관계를 구체적으로 파악하고 있어야 한다. 등장인물의 관계를 도표로 만들어 활용하면 효과적이다. 이것을 바탕으로 배역을 결정하고, 인물 간의 갈등을 파악한다. 이에 대해서는 제Ⅲ장에서 다루었다.

3) 등장인물의 움직임을 구상하고 결정해야 한다. 흔히 말하는 동선(Blocking)을 짜야 하는 것이다. 그들이 어디서 등장하고 퇴장할지, 걸을지, 설지, 앉을지, 그 외의 움직임 전반에 대한 윤곽을 결정해야 한다. 이에 대해서는 제Ⅵ장 2에서 다룰 것이다.

4) 등장인물의 대사 표현법, 동작이나 표정, 제스처 등, 등장인물의 형상을 만들어갈 수 있도록 세부적인 사항을 결정하고 있어야 한다. 이에 관한 것은 제Ⅵ장 3에서 다루어진다.

5) 템포, 리듬, 사이 등의 변화를 결정해야 한다. 연습의 마무리 단

계에서 필요하다. 자세한 것은 제VI장 4에서 다루게 된다.

연출가는 이러한 결정 사항들을 연습에 들어가기 전에 미리 정해서 각본에 메모해 두어야 한다. 기록해둔다는 것은 중요하다. 그것은 그저 기억을 정확하게 해두기 위한 것만이 아니라, 자신의 사고나 판단 등을 스스로 객관화하기 위한 수단이기도 하다.

4. 피스(piece) 나누기

[장]의 개념

희곡 속의 대화와 일상적인 대화는 본질적으로 다르다. 일상적인 대화에서는 체계적으로 정리해서 말하지 않는다. 쓸데없는 말이 있거나, 말이 부족하거나, 아니면 한 가지 화제로 이야기하다가 다른 화제로 샜다가 다시 돌아와서 또다시 제3의 화제로 빠지곤 한다.

일상의 대화는 대체로 막연해서 종잡을 수 없고, 요지를 알 수 없는 상태로 진행되기 쉽다. 그러나 희곡 속의 대화는 이런 일이 일어나지 않는다. 종잡을 수 없이 보여도 그것은 그리 보일 뿐 사실은 그렇지 않다. 희곡의 대화는 얼핏 되는 대로 종잡을 수 없이 무의미한 것으로 보여도 사상이나 감정의 과정을 표현하는 단위, 즉 극작가의 사고 단위로 구성되어있다. 희곡의 언어는 어느 하나의 생각을 제기하여 다른 생각으로 이끌어가도록 의식적으로 조직된 것이다.

사고 단위가 어느 정도 모이면 하나의 정리된 사고의 집합으로 완성된다. 이 정리된 사고의 집합이 그룹이 되면 '장(場)' 또는 '장면(scene)'이 된다.

희곡은 여러 개의 [장]이 연속으로 이어져서 성립되며, 그것을 무대에서 보여주고자 하는 것이 연출가와 배우의 일이다. 좋은 희곡 속에서는 항상 무언가가 일어나고, 무언가가 전개될 것이라는 느낌을 받게 된다. 그것은 그 장면이 극작가의 의도에 따라 차례로 무리 없이 전개되고 있기 때문이다. 이것에 의해서 우리는 자연스럽게 등장인물의 사고나 감정의 과정을 거쳐 희곡 전체의 사상을 이해할 수 있게 된다. 뛰어난 연출가는 뛰어난 작가가 자신의 글을 한 절씩 정리해가는 것처럼 본인의 생각을 장면에 정리해서 전체를 쌓아간다. 하나의 장면 속에는 극작가의 생각을 반영하는 어떤 행동이 포함되어 있다.

극은 일련의 장면에서 이러한 행동의 연쇄반응이나 반복 속에서 전개된다. 따라서 희곡을 작은 장면으로 나누어 그것의 조합과 전개의 방향을 검토하는 일은 연출가에게는 매우 중요한 작업이다. 연출가는 이 작업을 통해 극작가의 사상과 사고 과정을 이해하고, 극으로 통일시켜 무대에 형상화하는 것이다.

그런데 이 [장]의 개념은 극작가나 연출가가 무엇을, 하나의 정리된 사고의 집합으로 생각하느냐에 따라 달라진다. 일반적으로 희곡에서 [장]의 개념은 같은 막 속에서 일어나는 사건을 시간이나 장소의 변화에 따라 구분한 단위로 사용되고 있다. 다음과 같은 지시문의 예를 보면 쉽게 이해할 수 있다.

제1막 제1장　A의 집. 8월의 어느 무더운 날의 오후 3시 경.
제1막 제2장　같은 A의 집. 그 날 늦은 밤 11시 경.

아니면 1장이 A의 집이고, 2장이 같은 시각의 B의 집이어도 상관없고, 또 다른 시각이어도 좋다. 이러한 [장]은 희곡의 이야기 선체를 구성하는 각각의 '사고의 집합' 임이 틀림없다. 이러한 '사고의 집합'을 [장]이라 하며, [장]을 한 단위로 자세하게 나누는 것을 편의상 '피스 나누기' 라 한다. 피스 나누기는 가장 편리한 연출법 중의 하나이다.

피스 나누기

피스 나누기는 '프렌치 씬(French Scene)'방식과 '동기단위(Motivation Unit)' 방식이 있다.

17세기 프랑스 신고전주의 작가 라시느(Jean Racine, 1639~1699)나 코르네이유(Pierre Corneille, 1606~1684) 등의 고전극을 읽으면 등장인물이 등·퇴장할 때마다 [장]이 바뀌는 것을 볼 수가 있다. 한 막에 10개 전후의 [장]으로 구성되어있다. 러시아의 극작가 고골(Nikolay Gogol, 1809~1852)의 〈검찰관〉 제4막을 보면 16장으로 되어있다. 이처럼 등장인물의 등·퇴장에 따라 하는 [장]나누기를 보통 '프렌치 씬(French Scene)'이라고 부른다. 프랑스적인 씬 분할법이라는 의미이다.

좋은 희곡의 등장인물은 각각 무언가 목적을 가지고 등장한다. 사실을 제기하거나, 제기된 사실에 대한 반응을 나타내거나 아니면 그 사실에 관해서 다른 인물에게 영향을 주려고 하거나, 어쨌든 등장인물에게 하나의 목적이 있는 것이다. 그리고 이 목적이 달성되었을 때 극작가는 그 인물을 퇴장시킨다.

프렌치 씬은 장소나 시간의 변화를 나타내는 것이 아니라 인물의 등·퇴장에 의한 인물들의 새로운 관계 즉 새로운 행동 관계를 나타내는 것이므로 극적 사건의 새로운 사고 단위의 성립을 나타낸다고 할 수 있다. 따라서 희곡을 프렌치 씬으로 나누어 보는 것은 극작가의 사고와 인물들의 행동 관계를 이해하고, 형상화의 방향을 정할 때 매우 도움이 된다.

그러나 희곡의 한 막을 몇 개의 부분으로 나눌 때, 특히 구성이 복잡한 현대극 이후의 작품을 몇 개의 부분으로 나눌 경우인물의 등·퇴장을 바탕으로 한 프렌치 씬에 의한 분할법으로는 충분치 못한 부분이 있다. 왜냐하면 지시문의 장면설명만을 독립된 부분으로 생각하는 것이 좋을 때가 있기 때문이다. 또 인물이 등장하거나 퇴장하는 부분만이 아니라 어떤 인물의 대사 도중에 큰 극적 변화의 전기가 있기도 하다. 이런 경우도 프렌치 씬이라고 해야 할지는 의문이다. 왜냐하면 프렌치 씬은 앞에서도 말했듯이 반드시 인물의 등·퇴장에 의한 구분이라는 연극사적 개념을 갖고 있기 때문이다.

희곡은 극작가의 사상을 구체화하는 많은 피스로 이루어져 있고, 각각의 피스는 이야기의 큰 줄거리에 부수되거나 관계가 있는 사고의 그룹이 되는 것이다. 극작가의 사고는 대부분 등장인물의 행동을 통해 나타난다. 따라서 인물의 행동이 가장 분명하게 나타나는 등·퇴장을 기준으로 희곡의 피스를 나눌 수 있는 것이다. 그러나 이러한 프렌치 씬에 의한 피스 나누기는 행동에 대한 이해와 파악이 기계적이고 피상적으로 될 위험이 있다.

이에 비해 '동기단위(Motivation Unit) 피스 나누기'는 작품의 목표, 동기의 변화에 따라 장면을 구분 짓는 방법으로써 '프렌치 씬'보다 훨씬 논리적이다. '동기 단위 피스 나누기'를 보다 구체적으로 세분하면, '이야기 단위 피스 나누기', '등장인물 단위 피스 나누기', '갈등단위 피스 나누기', '분위기나 감정의 효과 단위 피스 나누기', '복합적인 목표 단위 피스 나누기' 등이 있다. 가장 일반적인 방식은 '이야기 단위 피스 나누기' 이다.

연출상의 피스는 보다 자세하게 '역할 단위 피스 나누기'로 나눌 수 있다. 역할 단위 피스 나누기는 각 인물의 행동의 단락을 발견하여 행동의 논리성을 명확히 하고자 하는 것이다. 따라서 길이도 다양하다. 딱 한두 줄 정도가 있는가 하면, 수 백 줄에 걸친 긴 대사 전체가 하나의 피스로 나누어지기도 한다. 또 피스의 경계가 한 대사의 끝부분이라고 볼 수도 없다. 대사 도중에 한 피스가 끝나고 이어서 새로운 피스가 시작되는 경우도 있다. 어떤 경우에는 말 없는 침묵이 하나의 피스가 되기도 한다. 게다가 피스의 경계도 반드시 연출상의 피스와 일치한다고 할 수도 없다.

각각의 피스는 거기서 행해지는 행동이나 제기되는 문제의 성질에 따라 각각 다른 내용적 가치를 지니고 있다. 이야기의 주요한 행동을 포함하고 있는 피스가 있는가 하면, 부수적인 행동을 나타내는 피스도 있고, 행동이 아닌 정경으로 나타내는 피스 혹은 암시적으로 상징되고 있는 피스도 있으며, 인물의 상호관계를 정서 위주로 표현하려고 하는 피스도 있다. 이러한 내용적 가치에 의하여 피스를 정리하면 각 인물의 행동과 극작가의 의도를 통일시킬 수 있으며, 연출 전체의 구도가 완성될 수 있다.

5. 피스 나누기의 예 — 〈벚꽃 동산〉 2막

〈벚꽃 동산〉은 러시아의 대표적인 극작가 안톤 체호프의 작품으로서 1904년 모스크바 예술극장에서 스타니슬라브스키와 단첸코(Nemirovich-Danchenko)에 의해 초연된 이래 근대극의 명작으로 러시아는 물론 세계 각국에서 끊임없이 공연되고 있는 작품이다.

제목인 '벚꽃 동산'은 귀족 라네프스카야 부인이 소유하고 있는 벚나무가 가득 심어진 영주의 땅을 말하는 동시에 러시아의 옛 시대가 쌓아 올린 과거의 상징이기도 하다. 등장인물들은 '벚꽃 동산'에서 각각 다른 것을 보고, 다른 것을 느낀다. 귀족 가예프(라네프스카야 오빠)나 라네프스카야 부인은 벚꽃 동산이 없었다면 자신들은 정신적 · 경제적으로 살아갈 수 없다고 감상적으로 눈물을 흘리지만, 상인인 로빠힌은 벚꽃 동산의 경제적 가치와 환원, 즉 현실에 관해 생각하는 사람도 있고, 대학생인 뜨로피모프나 라네프스카야 부인의 딸 아냐처럼 벚꽃 동산의 아름다움 속에서 사라질 무시무시한 과거를 직시하며 새로운 세상을 꿈꾸는 사람도 있다. 어느 쪽이든 등장인물들은 이 벚꽃 동산 속에서 서로 다른 경제적 · 감상적 · 사회적 ·

문화적인 가치와 의미를 찾아내고, 벚꽃 동산을 자신들의 방식으로 구제하거나 유지하려고 한다는 것이 이 희곡의 내용이다.

1막에서는 옛날 그대로의 생활을 꿈꾸며 라네프스카야 부인은 파리에서 돌아온다. 라네프스카야 부인과 아냐의 눈을 통해 또 로빠힌과 뜨로피모프의 말에 의해 이 벚꽃 동산의 현 상황과 의미를 독자(관객)는 알게 된다.

2막에서는 인물마다 서로 다른 생활과 벚꽃 동산에 대한 사고방식의 차이가 제시된다. 모두 각각 자신의 '벚꽃 동산'을 구제하려고 한다.

3막에서는 라네프스카야 부인이 파티를 열고 있을 때 벚꽃 동산이 경매 붙여졌고, 그것을 옛날 이 집 농노의 자식이었던 로빠힌이 샀다는 것을 로빠힌 자신의 입을 통해 알려진다.

4막은 이 일가의 모든 사람이 떠나는 장면이 전개된다. 내용은 극적아이러니로 가득 찬 결과로써 희극적이면서 비극적이다. 라네프스카야 부인은 파리라는 다음 목적지를 향해 있지만 이미 진정으로 인생이 가야 할 곳을 잃어버렸다. 가예프도 마찬가지다. 창문은 판자로 못이 박히고, 가구는 구석에 쌓여있으며, 짐은 쌓여있다. 벚꽃 동산을 구하려는 소망은 오히려 그것을 때려 부수는 결과가 되었을 뿐이다. 거기에 살기 위해 모인 것이지만 그들에게 돌아온 것은 작별이며, 결국 돌아온 것은 집을 정리하고 나가기 위해서였다. 마지막 장면 역시 아이러니하다. 할아버지 때부터 벚꽃 동산을 관리해온 늙은 하인 피르스가 벚꽃 나무를 베는 도끼 소리와 함께 죽는다. 피르스의 죽음과 함께 벚꽃 동산도 새로운 세상을 만나게 되는 것이다.

피스 나누기의 예로 삼은 2막은 벚꽃 동산에 대한 등장인물들 각각의 생각과 견해의 차이가 대조적으로 나타나 있다. 그러나 중요한 것은 생각이나 견해가 다르다는 사실이 아니라 그러한 차이가 어디에서 나오느냐 하는 것이다. 그것은 시대와 사회의 변화에 대한 각 인물의 인식과 생활 태도에서 생겨난다. 따라서 그 '변화'의 요인과 그것에 대한 인물의 반응을 파악해가는 것이 중요하다. 2막의 첫 장면은 지문으로써 다음과 같이 나눠진다.

〔피스 1〕

들판. 오랫동안 돌보지 않은 채 내버려진, 기둥이 기울기 시작한 낡고 작은 예배당이 있다. 그 옆에 우물이 있고, 예전에는 틀림없이 비석이었으리라 짐작되는 커다란 돌, 낡은 벤치, 그리고 가예프의 저택으로 통하는 길이 보인다. 한쪽에는 우뚝 솟은 포플러 나무들이 거무스름해져 있다. 거기서부터 벚꽃 동산이 시작된다. 있다. 멀리 전주(電柱)들이 줄지어 늘어서 있고, 그보다 더 멀리, 까마득한 지평선 상에 대도시의 윤곽이 희미하게 보이지만, 그것은 아주 밝게 갠 날이 아니면 보이지 않는다. 곧 해가 지려 한다.

이 정경 설명 속에는 '변화'를 나타내는 몇 가지 요소가 포함되어 있다.

1) 옛날에는 예배당이었지만, 지금은 아무도 돌보지 않는 기둥이 기울어진 작고 낡은 건물이다.
2) 오래된 우물, 아마 울타리도 부서져 있을 것이다.
3) 예전에는 묘지의 비석이었던 것 같은, 군데군데 깨지고 썩어있는 커다란 돌이다.
4) 낡은 벤치, 아마 칠도 벗겨지고 나무판자도 한 장 정도 빠져있을 것이다.
5) 포플러나무와 거기에 이어지는 벚꽃 동산, 그리고 멀리 보이는 전신주와 큰 도시의 윤곽이 현재와 과거라는 시대 변화의 예리한 대조이다.
6) 이윽고 해가 지는 시각, 시간의 변화를 암시한다.

2막의 무대장치 속에는 이 '변화'의 요소가 강조되지 않으면 안 된다. 이 무대장치가 갖는 포인트는 인물의 행동 전개와 결부되어 통일되고 종합되어 간다. 무대장치는 단순히 배우를 보여주기 위한 진열장이 아니다. 무대 자체로 의미가 있어야 하며, 관객의 기대와 흥미를 이어가야만 하는 것이다. 조명 역시 마찬가지이다. 무대 위에 빛나는 달이나 별은 결국 조명기의 빛에 지나지 않지만 중요한 건 관객이 그것을 어떻게 보고, 무엇을 느끼며, 어떤 이미지를 마음에 불러일으키는가이다.

〈벚꽃 동산〉 2막의 무대장치는 막 전체의 행동을 상징적으로 전제하고 있어 특별히 하나의 피스로 독립해 판단하기 충분하다. 2막

처음으로 등장하는 샤를로따(여가정교사)와 야샤(젊은 하인)와 두냐샤(하녀)의 모습이 보이지 않더라도, 무대장치가 이미 관객에게 '변화'라는 주요한 행동을 의미하고 있다.

〔피스 2〕

샤를로따, 야샤, 두냐샤 벤치에 앉아있고, 에삐호도프는 그 옆에 서서 기타를 타고 있다. 모두 생각에 잠긴 표정으로 앉아있다. 낡은 학생모를 쓴 샤를로따는 어깨에서 총을 내려 멜빵의 고리쇠를 고치고 있다.

[샤를로따] (생각에 잠긴 어조로) 나는 내가 정확히 몇 살인지 몰라. 그래서 언제나 젊은 것 같다는 생각이 들어. 내가 어린 소녀였을 때, 부모님은 장터를 떠돌아다니며 아주 재미있는 공연을 했지. 나도 공중제비와 여러 가지 마술을 했지. 그런데 부모님이 돌아가시자 어떤 독일인 부인이 나를 맡아서 공부를 시켜 준 거야. 운이 좋았지. 그래서 이렇게 가정교사를 할 수 있게 된 거야. 그러니까, 난 내가 어디서 태어났는지, 가족은 누군지 잘 몰라, 부모가 어떤 사람이었는지도, 정식으로 결혼한 부부였는지도 몰라. 아무튼 난 몰라. (호주머니에서 오이를 꺼내서 먹는다) 아무것도 모른단 말이야. (사이) 하고 싶은 말들이 많지만, 어디 들어줄 만한 사람이 있어야지---- 내겐 아무도 없어, 의지할 사람이라곤.

[에삐호도프] (기타를 타며 노래한다) "세상만사가 무슨 소용 있

나요? 친구건 원수건 무슨 소용이 있나요?" 만돌린을 연주하는 건 정말 즐거워!

[두냐샤] 그건 만돌린이 아니라 기타예요. (손거울을 들여다보며 분을 바른다)

[에삐호도프] 사랑에 눈이 먼 사람에겐 이게 만돌린으로 보이지 (노래한다)"서로가 사랑하는 뜨거운 피로, 이 내 가슴 따듯이 데워 준다면" (1890년에 유행하던 러시아 가요)

야샤, 따라 부른다.

[샤를로따] 이분들 노래 솜씨 훌륭한데?! 웃겨 마치 개가 짖는 소리 같군.

[두냐샤] (야샤에게) 어쨌든, 외국에서 산다면 정말 행복할 거예요.

[야샤] 그야 물론이지. 나도 그 말엔 동의하지 않을 수 없어. (하품한다. 이윽고 시가를 피우기 시작한다)

[에삐호도프] 당연하죠. 외국에는 모든 게 이미 오래전부터 다 갖춰져 있으니까.

[야샤] 그렇고말고.

[에삐호도프] 나는 교양을 갖춘 사람이고, 여러 가지 훌륭한 책을 많이 읽었지만, 도대체 어떻게 살아가야 할지 종잡을 수가 없어. 살아야 할지, 자살해야 할지, 도무지 종잡을 수가 없단 말이야. 그래서 나는 언제나 권총을 지니고 다니지. 자, 보라고. (권총을 꺼

내 보인다)

[샤를로따] 다 됐어. 이젠 가 봐야지 (총을 둘러멘다) 에삐호도프. 당신은 똑똑하면서도 아주 무서운 사람이야. 틀림없이 여자들이 홀딱 반할 거야. (걷는다) 똑똑해 보이는 사람도 알고 보면 다 어리석지. 상대할 사람이 있어야지. 결국은 혼자일 뿐이야. 혼자 나도 그래, 도대체 나는 누굴까, 나는 무엇 때문에 살고 있는 걸까. 도무지 알 수가 없어. (천천히 퇴장)

[에삐호도프] 다른 문제는 고사하고, 사실 나 자신에 대해서 이렇게 말하지 않을 수 없습니다. 내 운명은 사나운 폭풍 속의 조각배처럼 너무나 비참하다고 말입니다. 오늘 아침만 해도 그래요. 자다가 기분이 이상해서 눈을 떴더니, 가슴 위에 무시무시하게 큰 거미가 올라타고 있지 않겠어요? 이렇게 큰… (두 손으로 크기를 나타내 보인다) 그리고 물을 마시려고 컵을 집어 들었더니, 영락없이 바퀴벌레가 들어있더군요. 두나샤 양, 할 말이 있어요.

[두냐샤] 말씀하세요.

[에삐호도프] 실은 단둘이서만 얘기하고 싶어요---- (한숨을 짓는다)

[두냐샤] (당황해하며) 좋아요. 하지만, 그전에 제 외투를 좀 가져다주시겠어요. 옷장 옆에 있어요. 좀 습한 것 같아서.

[에삐호도프] 네. 가져다드리죠. 이제야 말로 이 권총을 어떻게 해야 할지 알 것 같군. (기타를 들고 연주하며 퇴장)

[야샤] 스물 둘의 불행! 멍청한 녀석 같으니라구! (하품을 한다)

[두냐샤] 자살이라도 하면 어쩌죠? (사이) 전 요즈음 늘 불안하고 걱정이 돼요. 아주 어릴 때부터 이 집에 와서 살아왔기 때문에 소박한 시골 살림은 할 수가 없어요. 이젠 두 손도 귀족 아가씨처럼 이렇게 하얘졌어요. 그리고 이렇게 상냥하고 품위 있는 여자가 되어 버려서 자꾸 겁이 나고 두려워요. 그러니 야샤, 당신이 만약 저를 속이기라도 한다면, 전 미쳐버리고 말거예요.

[야샤] (그녀에게 키스한다) 내 귀염둥이! 물론, 자기 주제를 알아야 하겠지. 난 행실이 나쁜 처녀를 가장 싫어하거든.

[두냐샤] 당신을 사랑해요! 당신은 교양도 있고 무엇이든 현명하게 판단하실 수 있으니까요. (사이)

[야샤] (하품한다) 그렇지, 그러나 내 생각으론, 만약 처녀가 어떤 사내에게 반했다면, 그건 벌써 행실이 좋지 못한 증거지. (사이) 맑은 공기 속에서 시가를 태우니 정말 기분이 좋군. (귀를 기울인다) 누군가 이리로 오는군. 주인 나리들인가 봐.

두냐샤, 그를 와락 껴안는다.

[야샤] 집으로 돌아가. 강에서 목욕이라도 하러 갔던 것처럼 이 샛길로 가. 저 사람들과 마주치기라도 하면, 모두들 내가 너하고 밀회라도 한 것처럼 생각할 테니 말이야. 난 그게 참을 수 없이 싫거든.

[두냐샤] (마른기침을 한다) 시가 때문에 머리가 아파요. (퇴장)

지문의 “샤를로따, 야샤, 두냐샤는 벤치에 앉고, 에삐호도프(사무원)는 그 옆에 서서 기타를 치고 있다. 모두 생각에 잠긴 표정으로 앉아 있다.”의 정경은 저녁 식사 전 이렇게 산책하거나, 대화하거나, 기타를 치며 시간을 보내는, 예전부터 있었던 습관이다. 그러나 예전의 벚꽃 동산이 무너져가도 있는데도, 그들은 예전의 습관을 반복하고 있을 뿐이다.

이 장면은 정경만으로 구성되었던 〈피스1〉과 주요한 극적 행동이 시작되는 〈피스3〉의 사이를 잇는, 시간이 흐르면서 변화하는 경과구(經過句) 같은 것이다. 만약 체홉이 과거의 극작법에 매달려있는 극작가였다면 〈피스2〉에서 벚꽃 동산이나 라네프스카야 부인의 이야기를 하였을 것이다. 다시 말해 이 사람들을 시켜서 만들어내는 이른바 ‘줄거리를 파는’ 내용으로 구성하였을 것이다.

〔피스 3〕

야샤, 남아서 예배당 옆에 앉는다. 라네프스카야, 가예프, 로빠힌 등장.

[로빠힌] 이젠 결단을 내리셔야 합니다. 문제는 아주 간단합니다. 이 땅을 별장 부지로 내놓으실 건지 아닌지만 말씀해주시면 됩니다. 그저 한마디면 됩니다.

[라네프스카야] 도대체 누가 여기서 이렇게 지독한 시가를 피웠을까. (앉는다)

[가예프] 철도가 놓인 후로는 교통이 편리해졌어. (앉는다) 시내에 나가서 식사하고 올 수 있고, 노란 공은 가운데로! 우선 집에 가서 한 게임 하고 싶군.

[라네프스카야] 시간은 충분해요.

[로빠힌] 한마디면 됩니다. (애원하듯이) 제발 대답을 해주십시오!

[가예프] (하품을 하며) 뭐라구?

[라네프스카야] (자기의 돈주머니를 들여다보고) 어제는 돈이 꽤 있었는데, 오늘은 얼마 안 남았군. 바랴는 가엽게도 절약을 하느라고, 우리에겐 우유 스프를 주고, 부엌 늙은이들에겐 완두콩만을 먹이고 있는데, 나는 이렇게 생각 없이 돈을 헤프게 쓰고 있으니.(돈주머니를 떨어뜨린다. 금화가 흩어진다) 이런! (화가 나는 듯한 표정)

[야샤] 가만 계세요, 제가 주워드리죠. (돈을 줍는다)

[라네프스카야] 고마워, 야샤. 도대체 나는 무엇 때문에 시내까지 나가서 외식을 하고 왔을까? 게다가 음악을 연주한다는 그 레스토랑은 지저분하기 짝이 없고. 식탁보에선 비누 냄새가 진동을 하질 않나, 오빤 웬 술을 그렇게도 마셔요? 그리고 또 왜 그렇게 말이 많으세요? 오빤 오늘, 쓸데없는 말만 했어요. 1870년대가 어떠니, 데카당이 어떻다니 하면서 말이에요. 누구하고 그랬는지 아세요? 식당 종업원들하고 무슨 데카당을 논해요?

[로빠힌] 네, 그러셨군요.

[가예프] (한 손을 내젓는다) 아무래도 내 버릇은 고칠 수 없나봐. (짜증을 내며 야샤에게) 넌 왜 만날 내 눈 앞에서 귀찮게 얼쩡거리는 거야!

[야샤] (웃는다) 저는 나리의 목소리만 들어도 웃음을 참을 수가 없어요.

[가예프] (여동생에게) 이놈을 내보낼까? 아니면 내가 나갈까?

[라네프스카야] 야샤, 어서 가 봐요.

[야샤] (라네프스카야에게 돈주머니를 내준다) 네, 가겠습니다. (가까스로 웃음을 참으면서) 네, 곧 나가죠. (퇴장)

[로빠힌] 부인의 영지는 부자인 제리가노프가 사려고 합니다. 소문에 의하면, 자기가 직접 경매에 참여할 거라고 하더군요.

[라네프스카야] 어디서 그 말을 들으셨죠?

[로빠힌] 시내에서요. 벌써 소문이 자자한걸요.

[가예프] 숙모님이 돈을 보내 준다고 약속했어. 언제 얼마를 보내 주실지 모르지만.

[로빠힌] 얼마나 보내주실까요? 10만 루블? 20만?

[라네프스카야] 글쎄, 1만이나 1만 5천 정도가 고작이겠죠. 그것만으로도 감사해요.

[로빠힌] 실례지만, 두 분처럼 아무 생각 없고, 세상 물정 모르는 이상한 분들은 생전 처음 봅니다. 우리나라 말로 하고 있는데 알아듣지 못하시겠어요? 벚꽃동산이 경매에 넘어가게 되었다고요! 정말 이해가 안 되세요?

[라네프스카야] 그럼 어떡하면 좋아요? 가르쳐 주세요, 어떡하면 좋죠?

[로빠힌] 이미 말씀 드렸잖아요! 매일 똑같은 말을 되풀이하고 있습니다! 벚꽃 동산도 땅도 별장 용지로 임대해야 한다고요! 그것도 지금 당장 서둘러야 합니다. 경매가 코앞에 다가와 있습니다. 아시겠습니까? 별장 용지로 내놓겠다고 결단만 내리시면, 돈은 얼마든지 들어옵니다. 그러면, 아무 문제가 없게 됩니다.

[라네프스카야] 별장이니, 별장에 거주하는 사람들이니 하니까, 어쩐지 저속하다는 생각이 들어요.

[가예프] 나도 똑같은 생각이야.

[로빠힌] 정말 미치겠네?! 도저히 참을 수가 없군요! 두 분은 저

를 완전히 녹초로 만들었습니다! (가려고 한다)

[라네프스카야] (놀란 듯이) 아니에요, 가지 마세요. 부탁이에요. 뭔가 좋은 방안이 떠오를지도 모르니까요!

[로빠힌] 이제 와서 무슨 방안이 떠오른다는 겁니까!

[라네프스카야] 가지 마세요, 부탁이에요. 함께 있으면 마음이 놓여요. (사이) 나는 늘 무엇인가를 기다리는 듯한 심정이에요.

[가예프] (깊은 생각에 잠기면서) 두플레트는 구석으로 끄루아제는 가운데로…

[라네프스카야] 우리는 이미 너무나도 많은 죄를 저질렀어요…

[로빠힌] 죄라니요?

[가예프] (얼음사탕을 입에 넣는다) 사람들은 내가 얼음사탕을 사는데 전 재산을 날렸다고들 말하더군. (웃는다)

[라네프스카야] 오오, 나의 죄… 나는 밤낮으로 미친 듯이 돈을 탕진한데다가, 그저 빚이나 질 줄밖에 모르는 주정뱅이 남자와 결혼했어요. 무섭게 마셔댔죠. 결국 남편은 술 때문에 죽었어요. 그러고 나서 불행하게도, 나는 또 다른 사람을 사랑하게 되어, 그 사람과 함께 살게 되었죠. 그런데 바로 그때, 바로 저 강에서… 내 아들이 빠져 죽었어요… 천벌을 받은 거죠. 그래서 외국으로 떠나간 겁니다. 두 번 다시 이 강을 보지 않을 생각으로, 영영 떠나고 만 겁니다. 정신없이 여기서 도망쳤습니다. 그런데, 그 사람도 염치없이 뻔뻔스럽게 나를 따라왔어요. 그런데 그이가 거기서 병에 걸렸어요. 할 수 없이 난 멘또나 근처에 별장을 사고, 그때부터 3년간 밤낮으로 쉴 틈 없이 간호를 했죠. 난 환자에 녹초가 되어 영혼까지 바싹 말라

버릴 정도였죠. 그리고 작년에 빚 때문에 그 별장을 팔아 버리고 파리로 갔는데, 거기서도 그 사람은 나를 남김없이 우려먹고는 다른 여자와 눈이 맞아 떠나버렸어요. 난 자살을 시도했죠. 나 자신이 너무도 어리석고 창피해서… 그러다가 불현듯 러시아로, 내 딸이 있는 고향으로 돌아가고 싶은 생각이 들었어요… (눈물을 닦는다) 오오, 하느님, 자비를 베푸시어 저의 죄를 사하여 주옵소서! 더 이상 나를 벌하지 마소서! (호주머니에서 전보 한 장을 꺼낸다) 오늘 파리에서 온 거예요. 그 사람이 용서를 빌면서 돌아와 달라고 애원하는 내용이에요. (전보를 찢는다) 어디선가 음악 소리가 들려오는 것 같군요. (귀를 기울인다)

[가예프] 저게 바로 그 유명한 유태인 악단이야. 기억하지? 바이올린 넷에 플루트와 콘트라베이스.

[라네프스카야] 그 악단이 아직도 있나요? 그럼, 우리 집에 불러다가 파티라도 열어야겠네. [로빠힌] (귀를 기울인다) 전 음악엔 관심이 없습니다. 뭐 하러 저런 데다가 돈을 낭비하죠? 어제 극장에서 연극 봤는데, 아주 웃기더군요.

[라네프스카야] 아마 조금도 웃기지 않았을 거예요. 당신은 연극을 볼 게 아니라, 차라리 자기 자신을 보려고 노력하세요. 왜 그렇게 무미건조한 생활만 하고 계시죠? 그리고 왜 그렇게 쓸데없는 말을 많이 지껄이세요.

[로빠힌] 사실, 그렇습니다. 솔직히 말씀드려서 우리의 생활은 어리석기 짝이 없었습니다. (사이) 저의 아버지는 얼간이 농사꾼인데다가 무식해서 제게 아무것도 가르쳐 주지

않았습니다. 그저 술에 취해서 몽둥이로 때리는 게 고작이었죠. 사실 저 역시 얼간이 천치죠. 아무것도 배운 게 없고, 글씨도 엉망인데, 음악인들 관심 있겠어요?

[라네프스카야] 그래도 결혼은 해야죠?

[로빠힌] 네, 그렇습니다.

[라네프스카야] 우리 바랴는 어때요?

[로빠힌] ……네.

[라네프스카야] 그 애는 평민 출신이지만 일밖에 모르는 성실한 아이에요. 게다가 그 애는 당신을 사랑하고 있어요. 그리고 당신도 예전부터 그 애를 좋아하고 있잖아요.

[로빠힌] 글쎄요? 싫지는 않지만… 좋은 여자죠.

사이

[가예프] 나더러 은행에서 일하라는 거야. 연봉 6천 루블에 그 말 들었지?

[라네프스카야] 오빠가 어떻게! 그저 가만히 계셔요.

〈피스 3〉은 샤르로따, 에삐호도프, 두냐샤가 각각 퇴장하고 야샤가 남았을 때 라네프스카야 부인, 가예프, 로빠힌이 등장하면서 시작된다. 그들은 각자 다른 불안과 공포와 초조함을 갖고 있다. 즉 각기 다른 분위기를 가지고 들어오는 것이다.

가예프는 벚꽃 동산을 걱정하면서 일자리를 찾는 것도, 돈을 빌리는 것도 적극적인 관심을 보이지 않는다. 그의 마음을 차지하고 있는 것은 당구뿐이다. 라네프스카야 부인도 마찬가지로 로빠힌이 제안하는 영지 구제의 구체적인 대책을 받아들이려 하지 않고 과거의 일, 파리의 그 사람만을 생각하고 있다. 그런 귀족들의 습관적인 삶이 적나라하게 그려진다.

로빠힌이 떠나려 하자, 부인은 붙잡고서 말한다. 「부탁이니 가지 말아요! 당신이 있으면 왠지 현실을 잊을 수 있어요----(사이) 나는 항상 무언가를 기다리고 있는 심정이에요. 마치 집채가 머리 위로 무너져 내릴 것만 같은 기분이에요.」 이처럼 라네프스카야 부인은 마음이 편해지기만 한다면 아무 발전이 없는 것에 대해서는 생각하지 않는다. 말하자면 지금까지의 그녀의 생활은 '현실을 잊고' 밝고 유쾌하게 하는 것 이외에는 없었던 것이다. 이러한 삶의 양상은 로빠인과 극명하게 대조되어, 이들의 대화 속 '(사이)'에 매우 깊고 예리한 의미가 내재된 행동으로 드러난다. 멀리서 유대인 악대의 음악이 들려온다.

「라네프스카야: (생략) ----(전보를 찢는다) 어디서 음악 소리가 들려오는 것 같군요. (귀를 귀울인다)

가예프: 저건 유명한 유태인 악단이야. 너도 기억하지? 바이올린 넷에 플루트와 콘트라 베이스.」

체홉은 관객의 주의를 등장인물에서 후방 배경 쪽으로 이동시키려 할 때 종종 이와 같은 음악을 사용한다. 이것으로 인하여 인물을 둘러싼 바깥 세계를 드러나게 하고, 그들이 놓인 환경을 강조하는 것이다.

관객은 평화로운 공기가 깨지고, 지평선 위에는 다이내믹한 공업도시의 실루엣이 떠오르고, 땅거미가 차갑게 지는 것을 배우들과 함께 바라본다. 〈피스3〉은 이 불안한 공기에서 벗어나고자 일부러 종잡을 수 없는 대화가 진행된다. 그러나 이것은 아무렇지 않은 척하는 것이므로 길게 이어지지는 않는다. 그리고 각각 뒤죽박죽인 공허한 마음이 '(사이)'가 되어 강렬하게 표현된다.

〔피스 4〕

피르스 등장. 외투를 들고 있다.

[피르스] (가예프에게) 나리, 어서 입으십시오. 여긴 제법 습하답니다.

[가예프] (외투를 입는다) 귀찮아 죽겠어. 아주.

[피르스] 무슨 말씀을 하세요. 오늘 아침에도 아무 말 없이 그냥 나가 버리시고선. (그를 살펴본다)

[라네프스카야] 할아범도 많이 늙었구료!

[피르스] 뭐라고 하셨나요?

[로빠힌] (크게) 할아범이 많이 늙었다고 말씀하셨어!

[피르스] 오래 살았습죠. 제가 결혼할 무렵에 마님의 아버님께서는 아직 태어나시지도 않았을 때니까요. (웃는다) 농노해방령이 내렸을 때, 저는 이미 시종장이었습죠. 그때 저는 농노해방령을 찬성하지 않았기 때문에 마님 댁에 그대로 남아있게 된 겁니다. (사이) 그땐 모두가 즐거웠습죠. 무엇이 그렇게도 즐거운지 자신들도 잘 몰랐지만 말입니다.

[로빠힌] (비꼬듯) 옛날엔 정말 좋았지. 적어도 매질은 마음대로 해댔으니까.

[피르스] (알아듣지 못하고) 그렇고 말고요. 농노들은 나리들에게 의지하고, 나리들은 농노들에게 의지했는데, 지금은 모두가 뿔뿔이 흩어져서 뭐가 뭔지 통 알 수가 없어요.

[가예프] 조용히 좀 해봐, 피르스. 난 내일 시내에 가야 해. 어음

할인을 해주겠다는 어떤 장군을 소개받기로 했거든.
[로빠힌] 아무 소용 없을 겁니다. 그것으로는 이자도 못 갚을 텐데, 차라리 가만히 계세요.
[라네프스카야] 오빠가 헛소리 하고 있는 거예요. 장군은 무슨 장군.

피르스(늙은 하인)가 외투를 가지고 등장한다. 〈피스4〉는 짧은 장면이지만 피르스와의 관계를 통해 '벚꽃 동산'의 오래된 귀족 생활이 분명해진다. 피르스의 늙은 모습은 기울어지고 버려진 예배당과 묘석으로 보이는 돌이 상징하는 약하고 무너지려 하는 낡은 모습과 동일시된다.

〔피스 5〕
뜨로피모프, 아냐, 바랴 등장.

[라네프스카야] (정답게) 어서들 오너라, 어서. 내 귀염둥이들아. (아냐와 바랴를 안으면서) 아아, 내가 얼마나 너희들을 사랑하고 있는지 알아주면 좋으련만. 옆에 앉으렴.

모두 앉는다.

[로빠힌] 만년 대학생께서는 언제나 아가씨들과 함께 다니시는군.
[뜨로피모프] 당신이 상관할 일 아니잖소.
[로빠힌] 이제 곧 쉰 살인데 아직도 대학생이라니.
[뜨로피모프] 그런 바보 같은 농담은 집어치워!
[로빠힌] 왜 그렇게 성을 내지? 참 이상한 양반이군.
[뜨로피모프] 그냥 좀 성가시게 굴지 말란 말이오.

[로빠힌] (웃는다) 한 가지 묻고 싶은데, 대학생께서는 나를 어떻게 생각하시오?
[뜨로피모프] 배부른 돼지! 일벌레!

모두 웃는다.

[바랴] 빼쨔, 당신은 차라리 별자리 이야기하는 게 낫겠어요.
[류보비 안드레예브나] 아니, 그보다 어제 이야기를 계속하도록 해요.
[뜨로피모프] 무슨 이야기였죠?
[가예프] 당당한 사람에 대해서였지.
[뜨로피모프] 어제 우린 꽤 긴 시간 이야기 했지만, 어떤 결론에도 이르지 못했습니다. 당당한 사람은 무언가 신비로운 점이 있다고 했죠? 어떤 의미에선 옳은 말 일 수 있습니다. 하지만, 인간은 생체 역학적으로 연약하게 만들어져 있습니다. 몸에 털도 없고, 날개도 없고, 날카로운 이빨도 없습니다. 게다가 혼자 살 수도 없습니다. 그러니 자기 자신에게 도취되어선 안 됩니다. 인간은 불완전하고 그지없이 어리석기 때문입니다. 자만하면 안 됩니다. 오직 일을 해야 연약함을 극복할 수 있습니다.
[가예프] 어차피 죽는 건 마찬가지지.
[뜨로피모프] 글쎄요. 죽는다는 건 과연 어떤 의미일까요? 어쩌면 죽음과 함께 사라지는 건 우리 인간이 갖고 있는 수많은 감각 중에서 우리가 알고 있는 오감(五感)일 뿐이고, 나머지는 살아남을지도 모릅니다.
[라네프스카야] 어쩌면 그렇게 똑똑할까, 빼쨔!
[로빠힌] (비꼬듯이) 굉장하죠!

[뜨로피모프] 인간은 자신의 능력을 완성하면서 앞으로 나아가고 있습니다. 현재는 우리 인간이 이해하지 못하는 것도 언젠가 가까운 미래엔 친숙하고 명백해질 겁니다. 그러니, 그저 일을 해야 합니다. 있는 힘을 다해서 진리를 찾고, 없는 사람을 도와줘야 합니다. 그런데, 지금 우리 러시아에서 일하는 사람들은 극소수에 지나지 않습니다. 내가 아는 지식인 대부분은 탐구하지도 않고, 일하지도 않고, 일할 능력도 없는 무능하기 짝이 없는 사람들입니다. 그들은 스스로 지식인이라고 자처하고 있지만, 하인들에게 함부로 반말을 하고, 농부들을 짐승 다루듯이 대하고, 공부는 하지 않고, 책도 제대로 읽지 않습니다. 그야말로 아무것도 하지 않으면서 입으로만 학문을 지껄이고 예술에 대해선 이해조차 못합니다. 그러면서도 심각한 얼굴로 거드름을 피우며 고상한 철학자인척 하고 있습니다. 노동자들은 제대로 먹지도 못하고, 베개도 없이 3, 4십 명씩 한 방에 처박혀 자고, 가는 곳마다 빈대와 악취와 습기의 늪에서 헤어 나오질 못하고 있습니다. 요즘 지식인들이 그렇게도 자주 떠들어대고 있는 탁아소 같은 건 도대체 어디에 있습니까? 도서관은 어디에 있구요? 어디 내게 좀 가르쳐 주세요. 그런 건 지식인들 입에서만 맴돌 뿐 실제론 아무것도 존재하지 않습니다. 저는 이런 심각한 표정들이 두렵고 싫습니다. 심각한 이야기도 좋아하지 않습니다. 오히려 침묵을 지키는 게 낫지요!

[로빠힌] 저는 새벽 4시에 일어나 아침부터 밤까지 일하고 있습니다. 늘 돈을 취급하고 있기 때문에 주위 사람들을 볼

기회가 많습죠. 일을 좀 해보면 정직하고 인간다운 사람이 거의 없다는 사실을 금방 알 수 있습니다. 얼마나 적은가를 알기 위해서는, 그저 무슨 일이든 조금 시작해 보기만 하면 되는 겁니다. 때로 잠이 오지 않을 때면 이런 생각을 합니다. "하느님, 당신은 우리에게 거대한 숲과 끝없는 벌판, 머나먼 지평선을 주셨습니다. 그러니 여기서 살려면, 우리들 자신도 현실에 알맞게 거인(巨人)이 되어야 할 것입니다."

〈피스5〉에서 87세의 늙고 힘없는 피르스로 대표되는 구세대와 날카로운 대조를 이루며 뜨로피모프와 아냐, 그리고 바랴(라네프스카야의 양녀)의 젊고, 활기차고, 희망찬 젊은이들의 목소리가 들려온다. 노인들은 사회의 진보에 따라 뜨로피모프의 정열적인 말에 귀기울이지만, 그것은 특별히 그의 말 내용을 듣고 있는 것은 아니다. 그저 뿌리쳐도 뒤덮어오는 답답한 현실을 잊기 위해 뜨로피모프의 젊음이 넘치는 활기찬 대화에 즐겁게 귀를 기울이고 있을 뿐이다.

[피스 6]

무대 뒤에서, 에삐호도프가 지나가며 기타를 타고 있다.

[라네프스카야] (생각에 잠긴 어조로) 에삐호도프가 가고 있어…

[아냐] (생각에 잠긴 듯이) 에삐호도프가 가고 있어요.

[가예프] 해가 졌습니다, 여러분.

[뜨로피모프] 그렇군요.

[가예프] (나직하게 낭독조로) 오, 자연이여, 경이로운 자연이여, 그대는 영원한 빛으로 빛나고 있구나. 우리가 어머니라

고 부르는 아름답고 무심한 그대는 삶과 죽음을 한 몸에 지닌 채, 삶을 주고 또 죽음을 주는구나…

[바랴] (애원하듯이) 외삼촌!

[아냐] 외삼촌 또 시작이시네요!

[뜨로피모프] 역시 노란 공을 가운데로 두 번 치기 하는 편이 낫겠습니다.

[가예프] 그래, 그만두마, 그만두마.

〈피스6〉은 에삐호도프가 무대 안쪽을 기타를 치며 지나간다. 모두 기타 소리가 나는 쪽으로 눈길을 돌리자, 거기에는 평소와 다름없이 해가 지는 시골의 고요한 풍경이 있다. 겉보기에는 평화롭다. 그러나 그 안쪽에서 가예프는 이상한 시 같은 것을 낭독한다. 익숙한 시골의 평화로운 풍경에 마음을 허락한 것일까? 아니면 속마음의 불안을 지워버리려 시를 낭독하는 것일까? 다시 강조하지만, 〈벚꽃 동산〉의 큰 특징 중의 하나는 이와 같은 시적 분위기를 통해 암시하는 극적 요소이다. 따라서 이를 무시하고 연출하게 되면 무의미한 장면이 되고 만다.

〔피스 7〕

모두 생각에 잠긴 채 앉아있다. 정적. 나직이 중얼거리는 피르스의 목소리가 들려올 뿐이다.

〈피스 6〉에서 한 때의 조화는 가예프의 시, 바랴, 아냐, 뜨로피모프에 의해 중단되는 것으로 끝나고 일동은 다시 현실로 돌아온다. 다시 말해 그 조화 속에 숨어있는 것을 생각하게 된다. 공허한 막다른 길에 몰린 듯한 상태, 고민과 불안을 동반하는 침묵. 이런 지문 두 줄이 〈피스 7〉이다.

〔피스 8〕

별안간, 하늘에서 떨어진 것 같은, 줄(茁)이라도 끊어진 듯한, 점차 사라져 가는 구슬픈 음향이 멀리서 들려온다.

[라네프스카야] 저건 무슨 소리지?

[로빠힌] 글쎄요, 어디 먼 광산에서 승강기 줄이 끊어졌나봅니다. 어딘지 굉장히 먼 곳 같군요.

[가예프] 어쩌면 새일지도 모르지. 해오라기 같은.

[뜨로피모프] 혹시 올빼미인지도 모르죠.

[라네프스카야] (몸서리치며) 왠지 기분이 좋지 않군요. (사이)

[피르스] 불행이 닥치기 전에도 이런 일이 있었습죠. 부엉이가 울부짖고, 주전자가 끊임없이 덜거덕거리고.

[가예프] 어떤 불행 말인가?

[피르스] 농노해방령 말이에요. (사이)

[라네프스카야] 벌써 어두워졌군요. 자, 여러분, 그만 돌아갑시다. (아냐에게) 눈물을 글썽이는구나. 왜 그러지? (그녀를 껴안는다)

[아냐] (눈물을 글썽이며) 아무것도 아니에요, 엄마 그냥…

[뜨로피모프] 누가 오고 있어요.

「----별안간 멀리서, 마치 하늘에서 울려오는 것 같은, 현(絃)이라도 끊어진 듯한 소리가 난다. 이윽고 슬픈 울림으로 사라져간다.」

〈피스8〉에서 시작되는 이 이상한 소리는 에삐호도프의 기타 줄이 끊어지는 소리처럼 들렸지만, 독자(관객)에게는 좀 더 넓은 세계의 사건을 암시하고 있다고 생각된다. 멀지만 그 소리는 날카롭고, 무언가 불행의 전조와 경고인 듯한 기분이 드는 것이다. 사람들은 가만히 주의를 집중하며, 지평선 너머를 불안한 듯 바라본다. 이 소리에 대한 사람들의 반응과 수용법에 체홉은 각 인물의 생활과 성격을 멋지게 반영시키고 있다. 이 또한 〈벚꽃 동산〉에 내재 되어있는 극적 요소 중의 하나이다.

〔피스 9〕

낡아 빠진 흰 모자를 쓰고, 외투를 입은 부랑인이 나타난다. 얼근히 취해 있다.〉

[부랑인] 저, 말씀 좀 묻겠습니다. 여기서 곧장 가면 기차역으로 갈 수 있습니까?

[가예프] 그렇소. 이 길을 따라 쭉 가면 되오.

[부랑인] 감사합니다. (기침한다) 날씨가 참 좋군요. (낭송조로) 나의 동포여, 고통받는 형제여. 볼가강으로 가거라, 그러면 누구의 신음인지 알지니. (바랴에게) 아가씨, 이 굶주린 러시아의 동포에게 30꼬빼이까만 적선해 주십시오.

바랴, 소스라치게 놀라며 비명을 지른다.

[로빠힌] (화를 내며) 아무리 거지라 해도 예의란 게 있는 법이야!

[라네프스카야] (얼빠진 표정으로) 자, 이걸 받으세요. 여기. (지갑을 뒤적거린다) 은화(銀貨)가 없네. 아무렴 어

때. 자, 이 금화를 받아요.

[부랑인] 정말 고맙습니다! (퇴장)

웃음.

[바랴] (겁에 질려서) 집엔 먹을 것이 없어서 하인들이 굶고 있는데, 어머니는 어떻게 그런 사람에게 금화를 내줄 수가 있어요?

[라네프스카야] 나 같은 멍청이는 어쩔 수가 없구나! 바랴, 이제 집에 가서 내가 가진 모든 걸 네게 맡기마. 로빠인, 돈을 좀 더 빌려주세요.

[로빠힌] 그러지요.

[라네프스카야] 갑시다, 여러분. 이제 곧 저녁 식사 시간이에요.

[바랴] 그 사람 때문에 몹시 놀랐어요. 나는 아직도 가슴이 두근거려요.

[로빠힌] 여러분, 다시 한번 말씀드립니다. 8월 22일에 벚꽃 동산이 경매에 붙여집니다. 이점을 잘 생각해 두세요! 잘 생각하셔야 합니다!

〈피스 9〉에서 체호프는 세 가지 의미를 던져주고 싶었을 것이다. 첫 번째는 라네프스카야 부인의 현실 인식과 귀족들의 관습을 알리는 것이고, 두 번째는 '농노해방령'이 공포된 후 의식주를 해결하지 못하는 농노들의 현실과 당시 사회현상을 인식시키고 싶었을 것이다. 몰락한 귀족의 현실 인식과 관습은 "집엔 먹을 것이 없어서 하인들이 굶고 있는데, 어머니는 어떻게 그런 사람에게 금화를 내줄 수가 있어요?"라는 바랴의 절규에 가까운 대사로, 그리고 귀족의 농노로부터 해방은 되었으나 가진 것이 없어 부랑아가 될 수밖에 없는 시대적 상황을 비교하여 보여준 것이다. 세 번째는 이 작은 역의 작은 장면의 연극적 재미와 의미를 강조하고 싶었을 것이다. "작은 역은 없다. 작은 배우가 있을 뿐이다."의 실천적 장면이라 할까. 〈피스 9〉의 결과는 로빠인의 마지막 대사 "여러분, 다시 한 번 말씀드립니다. 8월 22일에 벚꽃동산이 경매에 붙여집니다. 이점을 잘 생각해 두세요! 잘 생각하셔야 합니다!"의 대사로 명확해진다. 사회와 시대 변화의 빠름과 엄격함의 상징이다. 일동은 흥이 깨진 듯한 어색한 기분으로 떠난다. 귀족계급 파티의 해산이다.

[피스 10]

뜨로피모프와 아냐를 남겨놓고, 모두 퇴장.

[아냐] (웃으면서) 아까 그 부랑인에게 감사해야겠어요. 그 사람이 바랴를 놀라게 하는 바람에 이제 단둘이 되었으니까요.

[뜨로피모프] 바랴는 우리가 서로 사랑하는 사이라도 될까봐 하루 종일 우리 옆에서 서성거리는 거예요. 그 좁은 소견으로는 우리의 사랑을 알 길이 없겠죠. 자유와 행복을 방해하는 편협하고 기만적인 관념의 틀로부터 벗어나는 것이 우리 삶의 목표이자 가치입니다. 앞으로 나가야 합니다! 저 멀리 빛나고 있는 별을 향해 거침없이 나가야 합니다. 뒤처져선 안 됩니다. 동지들이여, 낙오하지 말지어다.

[아냐] (손뼉을 치면서) 정말 멋진 말이에요! (사이) 오늘 이곳 경치가 더욱 아름답네요!

[뜨로피모프] 아주 멋진 날씨군요.

[아냐] 빼쨔, 당신은 나를 변화시켰어요. 이젠 우리 벚꽃동산을 예전처럼 사랑하지 않게 되었어요. 예전엔 우리 벚꽃동산을 너무나 사랑해서, 우리 벚꽃동산보다 더 좋은 곳은 이 세상에서 아무 데도 없다고 생각했는데----

[뜨로피모프] 러시아 전체가 우리의 동산이야. 대지는 넓고 아름답기 때문에, 이곳만큼 경이로운 곳이 얼마든지 있지.

〈피스 10〉에서는 뜨로피모프와 아냐만 남아있고 모두 퇴장한다. 사회 현실의 변화에 대한 라네프스카야 부인의 괴로움의 시가 아냐의 기쁨의 시로 바뀐다. 그것은 작가의 사상을 투영한 것이기도 하다.

[피스 11]

사이

[뜨로피모프] 생각해 봐, 아냐. 아냐의 할아버지도, 증조할아버지도, 모든 선조가 모두 농노 소유자로서 살아있는 영혼을 자기 것인 양 소유하고 있었어. 이 동산의 모든 벚꽃나무, 잎사귀 하나하나, 줄기 하나하나로부터 그들의 존재가 느껴지지 않아? 그들의 목소리가 들리지 않아---- 살아있는 영혼을 소유할 수 있다는 제도는 예나 지금이나를 막론하고 그들을 모두 변질시켜버렸어. 아냐도, 아냐 어머니도, 외삼촌도 저택 현관으로 들어오지 못하는 농노들의 희생의 대가로 살아가고 있다는 사실을 모르는 거야.

우리는 적어도 200년은 뒤져있어. 우리에겐 아직 이렇다 할만 한 게 아무것도 없어. 과거에 대한 아무런 반성도 없이, 그저 철학자연하며, 우울함을 호소하고, 보드카나 마시고 있을 뿐이지. 우리가 새 생활을 시작하기 위해서는 우리의 과거를 속죄하고 청산해야 해. 그 속죄는 오직 고통과 부단한 노력만이 가능하지. 이해하겠어, 아냐?

[아냐] 우리가 살고 있는 이 집은 이미 오래 전부터 우리 집이 아니에요. 전 떠날 거예요. 약속해요.

[뜨로피모프] 집 열쇠는 모두 우물 속에 던져 버려! 그러면 바람처럼 자유로워질 거야.

[아냐] (환희에 불타며) 어쩜 그렇게 말을 잘 하세요!

[뜨로피모프] 나를 믿어, 아냐! 아직 서른도 안 된 풋내기이고, 여전히 대학생이지만 나름으로는 고통과 역경을 겪었어. 굶주림과 질병에 시달리며 거지처럼 운명에 쫓기는 대로 하염없이 떠돌아다녔지. 그러나 나의 영혼은 언제나 형용할 수 없는 예감으로 가득 차있어. 난 행복을 예감해! 아냐. 나는 벌써 그 행복을 보고 있어----

[아냐] (생각에 잠긴 표정으로) 달이 떴네요.

〈피스 11〉은 〈피스 10〉의 뜨로피모프의 지문 '(사이)'에서 시작된다. 해가 지고 달이 뜬다. 쌀쌀한 밤공기. 벌레가 우는 소리. 벚꽃 동산은 깊은 어둠 속에 녹아 사라져간다. 여기서 체홉은 벚꽃 동산의 운명을 암시하고 있다. 그러나 이 상징적인 암시만을 위해 일몰

과 월출이라는 시간적인 구도를 사용한 것은 아니다. 나아가 벚꽃 동산의 소멸로 상징되는 사회변화를 아냐와 뜨로피모프의 눈을 통해 바라보게 하고 있다. 그들에게 있어서 현재는 이제 어떠한 형태로도 과거일 뿐, 아직 확실한 형태는 없어도 가능성이 있는 미래만이 현재이며 현실이다. 이러한 뜨로피모프의 지적인 정열과 아냐의 젊은 애정이 그녀를 어린 시절 집에서 해방하여, 세계 어디로 가도 자유롭다는 것을 느끼게 한다.

단 뜨로피모프는 지적이고 추상적인 정열의 세계에 살고 있어서 실천은 하지 못한다. 그것은 아냐에 대한 행동뿐 아니라 벚꽃 동산에 대한 그의 행동에도 나타나 있다. 그는 아냐에 대한 사랑은 마치 사랑을 초월한 태도처럼 보인다. 다시 말해 그는 아냐와 사랑에 빠지는 것은 비속한 일이라고 생각하는 것이다. 이와 마찬가지로 그는 벚꽃 동산을 쓰러트리고 새로운 러시아 전체의 동산을 만들기 위한 행동을 실천하지 않는다.

[피스 12]

에삐호도프가 똑같은 슬픈 노래를 기타로 연주하는 소리가 들린다. 달이 떠오른다. 어디선가 포플러나무 옆에서 바랴가 아냐를 찾으며 부르고 있다.

[바랴의 목소리] 아냐! 어디 있니, 아냐?
[뜨로피모프] 그래, 달이 떴군. (사이) 바로 저게 행복이야. 점점 더 가까이 다가오고 있어. 내겐 벌써 그 발소리가

들리는 것 같아. 설령 우리 눈에 보이지 않더라도, 그걸 인식하지 못한다 하더라도, 그건 상관없어. 그런 건 다른 사람들이 찾아 줄 거니까----

[바랴의 목소리] 아냐! 어디 있니, 아냐?

[뜨로피모프] 또 바랴가 야단이군! (화가 난다는 듯이) 정말 귀찮아!

[아냐] 그러면 어때요? 강가로 나가요. 거기가 좋을 거예요.

[뜨로피모프] 그래, 가자. (두 사람 걸어 나간다)

[바랴의 목소리] 아냐! 아냐!

— 막 —

〈피스 12〉 어디선가 포플러나무 근처에서 바랴가 아냐를 찾으며 「아냐, 어디 있니?」라고 부르는 목소리가 들려온다. 바랴는 벚꽃 동산 관리자로서 자신에게 더없이 소중한 현재의 생활을 조금이라도 바꾸려 하는 것에 불안을 느낀다. 그녀는 뜨로피모프가 아냐를 벚꽃 동산에서 먼 다른 세계로 데려갈 것 같아 신경이 쓰여 견딜 수가 없다. 그래서 그녀는 아냐가 다른 세계로 가버리지 않도록 뜨로피모프에게서 떼어놓아 과거의 세계로 데려가고 싶어 한다.

하지만 뜨로피모프와 아냐는 새로운 세계에 대해 좀 더 이야기하기 위해 강 쪽으로 달려가 버린다. 바랴가 부르는 소리는 계속된다.

6. 연습 중 연출가가 가져야 할 태도

자신의 생각에만 집착하지 말라.

연출가는 연습에 들어가기 전 희곡에 대한 여러 가지 사항을 결정해야 한다. 하지만 한 번 정한 것은 절대로 바꿀 수 없다고 고집하는 것은 현명한 연출가의 태도가 아니다. 연출가가 마음속에 그린, 상당히 맘에 드는 인물의 움직임이나 배치 구도도 실제 연습에 들어가면 무리라는 걸 알게 될 때가 있다. 희곡을 읽고 있을 때 연출가가 마음의 귀로 들었던 대사의 억양이나 리듬이 실제 연습에서는 그와 같이 말할 수 없을 때도 있다. 또 연출의 기초가 되는 피스의 분할법도 실제 연습에서는 적용되지 않는 경우도 있다.

언제나 연습의 선두에 서라.

오류를 발견했을 때 연출가는 그때그때의 상황에 자신을 적응시켜가야 한다. 적응시킨다는 것과 영합한다는 것은 다르다. 영합한다는 것은 자신의 의견을 갖지 않은 사람이 상대의 뜻을 받아들이는 혹은 비위를 맞추기 위해 자신의 생각을 상대편에 맞추는 것을 말한다. 연출가는 빈틈없는 준비와 자신의 생각을 가지고 연습에 임해야 하며, 다른 사람의 의견에 귀를 기울이면서 언제나 연습의 선두에 서 있어야 한다.

극본의 연구와 준비는 아무리 많은 시간을 들인다 해도 지나치지 않다. 충분한 시간을 갖고 극본을 연구하고, 면밀한 계획을 세워 연습에 임할 때 비로소 능률적으로 순조롭게 진행할 수 있는 것이다.

6장

연출의 실제

1. 1단계 연습-작품분석과 극본 읽기

극본 읽기

1단계 연습의 목표는 배우가 극본을 이해하고 역할로서 살아가야 하는 환경 및 인물들의 생활을 이해하는 것이다. 이 단계에서는 이야기를 구성하는 사건(에피소드)의 의미, 내용, 그리고 각 사건 간의 상호관계를 명확히 해두어야 한다. 또 배우들에게 통일된 해석을 통해 앞으로 수행해나갈 연기의 관점을 이해시켜야 한다. 이 작업을 통해서 배우는 자신이 연기하는 인물의 생활이나 성격에 대해 명확한 개념을 갖게 되고, 다른 인물들과의 상호관계도 이해할 수 있게 된다.

연습은 보통 극본 읽기부터 시작된다. 극본 읽기는 공연의 모든 참가자가 원형으로 함께 앉을 수 있는 장소가 적합하다. 칠판이 하나 있으면 좋다. 연출가 또는 배우 중 한 사람이 극본 전체를 읽는다. 누가 읽든지, 읽는 사람은 극본을 미리 연구해서 작품의 사상, 주제, 사건, 등장인물 등에 대해 미리 잘 알고 있어야 한다. 그런 의미에서 연출가가 극본 읽기를 하는 경우가 가장 효과적이다. 극본 읽기를 통해 희곡에 대한 해석의 일반적이고 기본적인 방향이 암시되는 것이다.

모스크바 예술극장이 체홉의 〈세 자매〉(1901)를 공연할 때 첫 연습에 체홉이 참여했다고 한다. 극본 읽기를 듣고 체홉은 자신은 희극으로 썼는데 오히려 연출가들(스타니슬라브스키와 네미로비치 단첸코)이 눈물과 감상의 비극으로 만들어버렸다고 말하며, 연습이 끝나자 화를 내며 자신의 호텔로 돌아가 버렸다고 한다. 깜짝 놀란 스타니슬라브스키는 곧바로 숙소로 찾아가 작품에 대한 여러 가지 이야기를 나눴다고 한다. 이처럼 극본 읽기 단계에서 극작가, 연출가 또는 배우들의 희곡 해석에 관한 차이가 명백히 드러난다. 그런 의미에서 극본 읽기는 적당히 해서는 안 될 중요한 작업 중의 하나이다.

때로는 첫 만남에서 극본 읽기를 하지 않고 연출가가 희곡의 내용을 설명해주는 방법도 효과적이다. 이때 단순히 줄거리만 이야기하는 것이 아니고 사상, 플롯, 인물 등 작품의 전반에 관해서 전달해야 한다. 복잡하고 추상적인 사상이나 철학적인 문제를 다룬 희곡일 경우에 더욱 효과적인 방법이다.

토론

극본 읽기가 끝나면, 극본의 구체적인 내용에 관한 토론에 들어간다. 먼저 연출가가 극본연구에서 얻은 결과, 즉 연출구상(concept)에 대해 말하고, 참여자의 질문을 받도록 하면 토론은 활발하게 진행된다.

배우는 희곡의 사상, 테마, 색채와 선에 관한 표현, 또는 등장인물의 성격 등을 토론하는 과정에서 희곡이 단순히 인쇄된 극본이 아니라, 자신의 분신을 품고 있는 것처럼 느끼게 된다. 다시 말해 배우는 등장인물을 주어진 환경 속에서 살아가는 사고력과 정서를 지닌 인간으로 볼 수 있게 된다.

연출가는 배우에게 자신의 판단을 무리하게 강요해서 안 된다. 배우가 스스로 창조적인 상상력을 불러일으켜 극본에 대한 이해를 통해 인물 형상화에 도달하도록 자연스럽고 천천히 인도해야 한다. 따라서 연출가는 배우들이 활발하게 질문하거나 의논할 수 있도록 분위기를 형성해야 한다. 이를 위해 연출가는 극본에 대해 이미 준비단계에서 충분히 알고 있어야 함은 물론이다. 극본 읽기 단계에서 극본의 검토가 중복되는 작업이어도 연출가는 조바심을 내거나 초조해하면 안 된다. 배우들을 협동 작업에 끌어들여, 그들의 의견을 들으면서 희곡에 대한 공통의 생각을 점검하는 것은 매우 중요하다.

대사 맞추기

극본 읽기를 통한 극본 전체의 검토가 끝나고, 사상, 테마, 인물 등에 대한 통일된 견해에 도달하면 다음에는 배우가 각자 자신의 역할에 맞춰 극본을 읽는 대사 맞추기 작업에 들어간다. 이때 배우는 자신이 맡은 역의 대사 표현이나 어조를 표현하기 위해 서두르면 안 된다. 우선 극본을 읽으면서 자신의 역은 왜, 무엇을 위해 여기에 나와 있는지, 왜 이런 말을 하고 행동하는지를 상대역과의 관계에서 생각해봐야 한다. 역할의 행동을 납득할 때 배우는 비로소 역의 논리성과 필연성을 갖게 되고, 그 인물로서 행동할 수 있는 것이다. 연출가는 이런 가능성이 배우들에게 형성되어 창의성에 자극을 줄 수 있도록 희곡의 사상, 사건과 상황, 인물의 행동, 성격, 생활 등을 연구하며 조언해야 한다. 배우들은 자신 안에 역할의 신뢰성을 느끼게 되면, 그것을 몸 전체를 활용하여 표현해보고 싶다는 의욕에 사로잡히게 된다. 이것이 바로 동작·표정 연습으로 이행되는 계기이다.

역할의 형상화에 대한 배우의 이해를 돕기 위해 보통 대사 맞추기 단계에서 연출상의 피스 나누기가 완료되어 제시된다. 이와 함께 무대장치의 평면도가 완성되어 배우들에게 자신들의 생활 장소가 되는 무대를 상상시키는 것도 필요하다. 그럼으로써 배우들은 특정한 장소에서 움직이는 행동의 동기, 의미, 가치, 목표 등을 구체적으로 파악할 수 있게 된다.

배우의 극본에는 점점 메모가 늘어갈 것이다. 배우는 인물의 신체적인 특징이나 습관에 관한 내용을 메모해야 한다. 고전극이나 재공연되는 작품이라면 전에 공연되었을 때의 녹화기록이나 무대 사진, 관련 기사도 훌륭한 참고 자료가 된다. 아무리 작은 역이라도 그 나름대로 삶을 영위하는 인간이므로 형상화를 대충 해서는 안 될 것이다. 하찮은 역할일지라도 삶의 내면을 충분히 탐구할 때 진정한 가치를 얻게 되는 것이다. 이렇게 배우들이 극본과 역할을 잘 이해하고 비로소 몸을 통해 행동으로 나타내 보이고 싶다는 욕구가 생겨나면, 동작을 동반하는 다음 연습단계로 넘어가게 된다.

2. 2단계 연습-움직임

2단계 연습의 목표는 움직임을 만드는 것이다. 즉 배우가 어디서 등장하고 퇴장하는지, 무대의 어느 위치에 서 있어야 하는지 등을 결정하는 것이다. 1단계 연습에서 얻은 극본에 대한 이해는 새로운 연습단계에 들어가면서 더욱 깊어질 것이다. 하지만 여기서는 일단 다른 문제는 접어두고, 움직임을 결정하는 일에 중점을 두고 설명하고자 한다. 대본 읽기나 대사 맞추기 단계에서 이해한 것을 그대로 움직임에 반영시키는 것은 쉽지 않다. 만약 억지로 하려고 하면 할수록 그것은 얄팍한 외면만을 연기하는 것이 되거나, 하려고 하는 의식에 갇혀 한 걸음도 움직일 수 없게 될 것이다.

이 연습에서는 움직임 이외에 인물의 성격이나 인간관계를 논의하지 않는다. 또 배우가 대사를 등장인물답게 하려고 애쓰지 않아도 된다. 그런 복잡한 형상화 문제는 일단 접어두고, 배우가 자유로운 기분으로 마음껏 움직이는 것이 중요하다. 오히려 이러한 움직임을 통해서 대본 읽기나 대사 맞추기 단계에서 파악한 것을 재점검하는 과정이 되어야 한다.

연습은 모든 것을 한 번에 하려고 해서는 안 된다. 연습은 단순한 반복이 아니라 되새김질함으로써 얻어지는 영양소와 같은 것이다. 각 단계에 주어진 내용에 집중하면서 하나씩 하나씩 해결해가는 것이 중요하다.

움직임 · 몸짓 · 동작 · 행위

무대 움직임과 관련하여 몇 가지 혼동해서 사용되는 말들이 있다. 이 말들을 명확하게 이해하고 실행하기 위해서 개념을 정리해 두고자 한다.

움직임(Movement)이란 무대 위에서 위치를 바꾸는 것, 즉 이동하는 것을 말한다. 문으로 들어온다, 방을 가로질러 책상이 있는 곳으로 간다, 창문 쪽으로 간다는 것 등이 '움직임'이다.

몸짓(Gesture)이란 감정 또는 생각을 몸으로 표현하기 위해서 어떤 모양을 나타내는 신체 자세를 말한다. 가령 배우가 손을 흔드는 자세를 취했다고 하면 그것은 '움직임'이 아니라 '몸짓'인 것이다. 흔히 말하는 제스처이다.

'움직임'과 착각하게 되는 용어가 동작(Motion)이다. '동작'이란 무언가를 하는 짓을 말한다. 예를 들면 다리를 절뚝거리거나, 담배를 피우거나, 과일 껍질을 벗기거나, 손수건으로 눈물을 닦거나 하는 등 무대에서 일어나는 특징적인 동작을 말한다. 배우가 다리를 절뚝거리는 자체는 '움직임'이 아니다. 하지만 배우가 무대를 가로질러 창문이 있는 곳까지 갈 때 다리를 절뚝거리면서, 담배를 피운다면 '움직임'과 '동작'이 결합 된 것이 된다. 만약 배우가 의자에 앉은 상태에서 편지를 뜯어 읽는다면, 이것은 '동작'일 뿐이다.

또한 움직임과 자주 혼동되는 말이 또 하나 있다. 바로 '행위(Action)'이다. '행위'이란 일정한 동기에서 비롯되어 목적으로 지향되고 있는 인간의 의지적 행동 혹은 그 연속의 총칭을 말한다. 무대에서 일어나는 사건은 모두 어떤 동기가 있고, 목적을 향해있다. 일상에서는 무의식적으로 아무렇지 않게 이루어지는 행동도 무대에서는 전부 의식화되어 일어난다. 무대에서 의식화되어 있지 않은 막연한 행위란 없다. 따라서 '행위'는 '움직임', '몸짓', '동작'을 총괄하는 개념이다.

바로 희곡은 이러한 개개의 행위가 극작가의 의지에 따라 모여져 완성된 것이다. 만약 '이 희곡의 행위는…'이라고 하면, 극작가의 의지에 따라 전개되는 희곡 속의 행위 또는 행위 그룹의 연속된 흐름을 말한다. 이것을 시퀀스(sequence)라고도 한다. 희곡 속에서 행위의 전개가 빠르거나 느리다는 것은 극을 구성하고 있는 행위 또는 행위 그룹이 급속하게 아니면 완만하게 전개해가는 것을 의미한다. 즉 드라마의 흐름을 말하는 것이다. 이와 같은 드라마의 흐름을 템포라 한다.

이론적으로는 빠른 행위는 빠른 움직임을 요구한다. 그러나 배우가 활발하게 무대 위를 분주하게 뛰어다녀도, 즉 빠른 '움직임'을 해도 극이 지루할 때가 있다. 그 이유는 극의 행위 전개가 완만하고 느릿하기 때문이다. 즉 템포가 느리기 때문이다. 템포는 리듬과 관련된 말로써 리듬이 내재 된 빠르기를 말한다. 즉 리듬은 작품 속에 내재 된 강약의 흐름을 말한다.

참고로 행위와 동의어로 사용되고 있는 행동(行動;behavior)이라는 말에 대해 생각해 보자. 이 두 용어는 대부분의 사용처에서 동의어로 사용되지만, 각각의 의미를 세밀하게 추적하면 차이가 있다. 행위는 의식적으로 이루어지는 행동, 즉 도덕적, 윤리적, 심미적 기준 또는 원리에 의하여 이루어지는 행동을 말한다. 넓은 의미로 인간의 행동은 모두 행위라 할 수 있다. 그러나 동물의 행동처럼 자극에 대한 반사적, 본능적, 무의식적으로 반응하는 것은 일반적으로 행위라고 할 수 없다.

움직임을 만드는 방법

몸짓이나 동작은 움직임이 정해져야 비로소 시작할 수 있는 작업이다. 그래서 되도록 빨리 움직임의 기본적인 선을 결정하는 것이 중요하다. 움직임에는 두 종류가 있다. 하나는 인물의 등 · 퇴장처럼 극본이 요구하는 직접적인 움직임이고, 또 하나는 절대적으로 필요한 것은 아니지만, 그렇게 하는 편이 인물이나 희곡의 행동을 확실하게 표현해줄 수 있는 간접적인 움직임이다.

예컨대 극본 속에서 남자가 여자를 포옹하기로 되어있다면 연출가는 남자가 어느 정도 여자 근처에 위치하도록 정한다. 이것은 한 남자가 다른 한 남자를 때려야 하는 장면에서도 마찬가지이다. 연출가는 먼저 이러한 기초적이고 직접적인 움직임에 대해 고심해야 한다.

그렇지만 이러한 기초적인 움직임의 틀 안에서도 배우는 여러 가지 형태로 그것을 연기할 수 있다. 무대 오른쪽에서 무대를 가로질러 왼쪽에 있는 책상 쪽으로 이동할 때 배우는 반드시 직선으로 갈 필요는 없다. 무대 안쪽으로 빙 돌아서 가도 되고, 후트라이트(footlight)를 따라 무대 전면을 돌아서 가도 된다. 또는 처음에는 빠른 걸음으로 가다가 의자에 가까워질수록 천천히 걸음을 늦출 수도 있고, 반대로 천천히 걷다가 점점 속도가 빨라질 수도 있다.

아직 이 단계에서 배우는 스스로 거기까지 가지 않으면 안 된다는 필연성을 느끼지는 못할 것이다. 아마 극본이 요구하는 대로 아니면 연출자가 지시하는 대로 무대를 가로질러 왼쪽에 있는 책상까지 갈 것이다.

연출가가 움직임을 지정하는 것은 결코 배우의 창의력이나 상상력의 싹을 꺾는 일이 아니다. 배우의 창의력과 상상력은 오히려 정해진 기본적인 움직임 속에서 발휘되는 것이다. 왜냐하면 배우에게는 그 움직임을 정당화하고, 움직임의 내용을 충실하게 해야 하는 중요한 작업이 남아있기 때문이다.

연출가가 무대의 움직임을 생각하는 것은 화가가 그림의 구도를 짜는 것과 비슷하다. 연출가는 미리 연출대본을 준비하는 과정에서 움직임의 기본선을 만들어두고, 그것을 대본에 메모해둬야 한다. 움직임을 만들기 위해서 연출가는 무대장치나 출입구의 위치, 소도구의 배치, 의상 등 무대의 구도에 필요한 여러 가지 사항을 숙지해야 한다. 무대장치의 스케치나 무대 미니어처, 의상의 기본적인 색 배합 등에 대해 디자이너들과 의견을 나눈 후에 완성된 것이라면 이상적일 것이다.

어떤 연출가는 배우의 움직임을 만들거나 배우에게 움직임을 설명하고자 할 때, 핀이나 작은 나무토막을 미니어처나 장치 평면도 위에서 직접 움직여 보일 때도 있다. 움직임이나 동작 연습에 들어가게 되면 배우가 실제로 움직일 수 있도록 실제무대의 크기를 가진 바닥 면에 분필이나 테이프로 실제 치수대로 장치의 평면도를 그려 놓고 해야 한다. 실내라면 벽의 윤곽, 출입하는 문이나 창문의 위치 등을 표시해야 한다. 단순히 분필로만 표시하는 게 아니라 가능하다면 그 자리에 있을 가구나 소도구의 크기와 비슷한 물건들을 배치해 놓고 연습하면 훨씬 편리할 것이다. 가구 같은 소도구류는 상자 등을 놓으면 된다.

준비가 끝나면 피스별로 구분해가며 배우에게 움직임을 제시해주고, 배우들은 그에 따라 움직이기 시작한다. 이때는 무엇보다도 천천히 여유를 갖고 하는 것이 중요하다. 아마 배우들도 대본을 손에 쥐고 대사와 움직임의 관계를 연구하며 움직일 것이다.

조연출이나 무대감독은 움직임을 연출대본에 모두 기록해야 한다. 물론 배우도 연필을 손에 쥐고서 자신과 관계되는 움직임은 그때그때 대본에 메모해 둬야 한다. 움직임의 표시는 알아보기 쉬운 기호를 사용하면 되겠지만 인물의 표시는 V로 하고 뾰족한 부분이 인물의 얼굴 방향을 표시하면 편리할 것이다. 사각형의 모형은 책상이나 서랍장 등 가구류이며, 원형은 의자를 표시해도 좋다. 관객 쪽을 향해 의자에 앉아있는 사람은 ⓥ로 표시하면 된다. 미리 고정된 가구의 배치만을 표시한 그림을 복사하여 두었다가 필요할 때 V(인물)표시만 기입해 가면 훨씬 능률적일 것이다.

움직임의 구도

움직임의 구도란 무대 공간에서 합리적이고 미적인 등장인물의 배치를 말한다. 합리적이려면 필연성을 가진 이유 있는 움직임의 구도이어야 하고, 미적이려면 균형이 잡혀있으면서 변화도 있어야 하는 움직임의 구도이어야 한다.

움직임의 구도가 적절하게 조합될 때, 관객은 희곡이나 등장인물의 행동 변화를 시각적으로 알 수 있다. 움직임의 구도를 창조하기 위한 필수요소는 강조(emphasis) · 선택(selectivity) · 생략(abbreviation) · 재정리(rearrangement) · 강화(intensification) · 대비(contrast) · 균형(balance) · 변화(variation)이다. 물론 이 용어들은 모두 독립적인 개념을 갖고 있지만, 움직임의 구도를 연출하는 과정에서는 상호 연관성을 갖고 작용함으로써 완성되는 실천적이고 감각적으로 활용된다. 강조를 위해서는 선택과 생략이 필요하고, 재정리는 한층 강화된 효과를 창조하기 위해 사용되며, 이들은 대비를 통해서 더욱 강조되는 것이다. 균형과 변화도 이러한 복합적인 원리가 적용되어 완성된다. 이를 움직임의 구도와 관련하여 강조, 균형, 변화로 묶어 설명하고자 한다.

강조는 인간의 표현 속에서 존재하는 모든 예술의 핵(kernel)이고, 중심(core)이며, 마음(heart)과 정신(soul)이다. 그래서 자연 속에는 강조가 없는 것이다. 예술가는 강조를 통해서 창조하고자 하는 중요한 부분을 쉽고 명확하게 인식할 수 있도록 만들어낸다. 강조하기 위해서는 먼저 선택이 필요하고, 선택의 방법 중 대표적인 것은 생략이다. 즉 생략하면 중요한 부분이 관객에게 더 가까이 갈 수 있고 주의를 집중시킬 수 있다.

강조는 공간의 크기나 시간에 의해서 전달되기도 하지만 재정리됨으로써 전달되기도 한다. 즉 중요한 부분의 배치는 다른 부분의 배치를 종속시킴으로써 강조되게 하거나, 중요한 부분을 앞이나 안으로 끌어들임으로써 강조되는 것이다. 재정리는 한층 강화된 효과를 창출한다는 점에서 연출가들이 자주 활용하는 연출법의 하나이다. 즉 극적이거나 연극적인 효과는 강화의 결과인 것이다. 효과적이고, 강제적이며, 역동적이고, 고조된 분위기를 창출해 내기 위해서는 강화가 필요한 것이다. 움직임의 구도는 결국 극적이어야 하기 때문이다.

무대상에서 강조하는 수단으로 대비라는 것도 있다. 예를 들면 강한 위치나 신체 방향에 있는 사람을 더욱 강조하기 위해서 세로선 상의 뒤쪽(후면무대)에 다른 등장인물을 배치한다. 이것은 가로선 상의 위치나 신체 방향에서도 같다. 또 다른 인물들의 시선을 받고 있으면 그 인물은 강하게 보인다. 특히 원근법을 사용한 그림처럼 등장인물들을 대각선상에 늘어서게 하고 관객의 시선이 모이는 접점에 강조하고 싶은 인물을 두면 더욱 강조된다. 아예 대각선을 교차시켜 그 접점에 강조하는 인물을 둔다면 더욱 강조될 것이다. 또 한 인물에게 넓은 공간을 주고 반대로 다른 인물들은 하나의 그룹으로 정리하면 그 한 인물은 강조된다. 여기에 명암을 준다면 더욱 강조될 것이다.

그림이나 사진에서도 중심이 없는 구도, 강조할만한 것이 충분히 표현되지 않은 밋밋한 구도는 막연한 인상밖에 주지 못한다. 마찬가지로 무대상에서도 강조되지 않는 구도는 감동을 줄 수 없다. 따라서 연출자는 이 장면에서는 무엇이 중요한 행동인지를 찾아내어, 그것이 강조되도록 무대 구도를 창조해야 한다.

움직임의 구도에 있어서 강조 못지않게 중요한 것은 균형이다. 균형은 강조와 밀접한 관계가 있지만 실행방법은 상당히 다르다. 강조는 대상의 일부를 생략함으로써 표현되지만, 균형은 중요한 것을 제외하고는 어떤 것이든 배제하지 않는다는 차이점이 있다. 사람은 균형이 잡히지 않은 것에 대해 반발하는 특성이 있다. 왜냐하면 균형이 맞지 않으면 불안정하고, 그 불안정함이 정신과 감정의 균형을 흐트러트리기 때문이다. 가령, 한쪽으로 무게가 쏠린 천칭이 있다고 하자. 그것을 가만히 바라보고 있으면 점점 불안과 초조함에 조바심이 나고, 가벼운 쪽에 힘을 더해주거나 무언가를 놓아서 균형을 맞추고 싶어지는 것이 사람의 심리이다. 무대에서도 똑같다. 불균형한 구도는 관객에게 불안정한 느낌을 주어 무대에서 행해지고 있는 것에 집중하려는 관객을 방해하게 되는 것이다.

무대에서는 인물을 어느 정도 균등하게 배치하는 것이 균형을 얻는 한 방법이다. 그렇게 하면 오른쪽이나 왼쪽 중 어느 한쪽으로 인물을 모아서 무대의 균형을 깨는 일은 없을 것이다. 무대를 하나의 천칭이라고 생각하고, 무대 중심을 가운데에 세운 줏대와 같은 지점이라고 생각하면 된다.

등장인물이 한 명일 때는 그 인물은 당연히 무대 중심 가까이에 올 것이다. 만약 배우가 무대 한쪽 편에 틀어박혀 있으면 무대 균형은 제대로 이루어지지 않기 때문이다. 여러 명의 등장인물이 한 인물을 향해 서 있는 구도라면 아래 그림 (다)처럼 그들을 배치해서 균형을 맞춰야 한다.

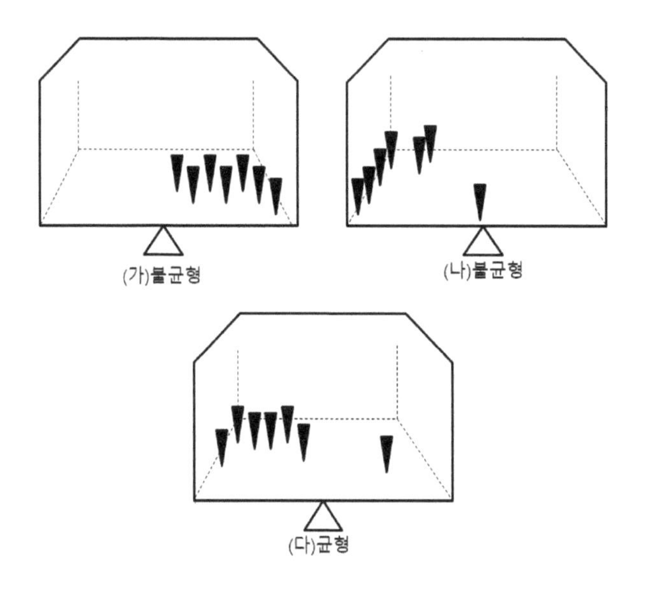

물론 구도는 무대장치의 조건이나 가구류의 배치에 따라 달라진다. 만약 왼쪽(상수)에 집이나 절벽 혹은 높은 나무 같은 커다란 장치가 있다면, 두 인물이 오른쪽(하수) 무대를 중심으로 행동해도 전

체의 균형은 무너지지 않을 것이다. 그림 위의 (나)의 경우에서도 왼쪽에 서랍장이나 피아노와 같은 큰 가구가 놓여있다면, 인물의 배치는 균형 잡힌 형태가 되었을 것이다.

전통적으로 지켜지고 있는 인물 배치에 관한 기본은 등장인물이 한 명일 때는 무대 중앙의 위치를, 두 사람일 때는 무대의 중심을 끼고 수 미터씩 떨어진 장소에서 비스듬히 마주 보게 하고, 세 명인 경우는 한 사람은 중앙에 두고 두 사람은 각각 양쪽에 거리를 두고 삼각형을 이루도록 배치하는 것이다. 삼각형을 이루도록 하는 배치는 균형과 강조의 기본형이라는 점을 연출가는 잊지 말아야 한다.

일상의 생활에서도 그렇지만, 무대에서 움직임이 단조로우면 보는 사람의 지루함은 훨씬 더하다는 사실을 알아야 한다. 아무리 좋은 구도일지라도 변화가 없으면 극적 요소를 상실하게 되는 것이다. 단조로움에서 벗어나 보다 리드미컬하고 탄력을 줄 수 있는 움직임의 구도는 인물을 삼각형으로 배치하는 삼각구도가 있다. 또한 삼각형 구도는 배우들의 얼굴을 관객에게 자연스럽게 보이는 장점이 있다. 무대에서 표정은 대단히 중요하다. 관객에게 등을 돌리고 말하는 것은 양손을 묶고 발로만 헤엄치고 있는 것과 같은 것이다. 물론 특별한 이유가 있을 때는 관객석에 등을 돌리고 있을 때도 있지만, 그것도 지나치게 길면 관객은 초조해한다. 따라서 연출자는 인물을 삼각형 선상에 배치하는 것을 기본으로 해야 한다. 그럼으로써 움직임에 탄력을 주고, 말하는 배우의 얼굴을 보이도록 해야 하며, 리드미컬한 변화를 가능케 해야 한다. 그러나 똑같은 모양의 삼각형을 반복하면

이 또한 단조로워 지루한 느낌을 갖게 된다. 삼각형의 변형을 기본으로 하여 움직임의 변화를 주어야 하는 것이다. 변화는 다음과 같은 방법이 있다.

1) 삼각형의 크기를 바꾼다.
2) 삼각의 정점 각도나 주위의 길이를 바꾼다. 이등변삼각형은 특별한 경우를 제외하고는 되도록 피한다.
3) 장치나 도구와의 관계를 이용하여 중심이 되는 정점을 무대 중앙이나 안쪽뿐만 아니라, 무대 전방이나 왼쪽, 오른쪽으로 이동하는 것도 가능하다.
4) 셋 이상의 인물의 발이 삼각형으로 늘어설 때는, 그 주변의 선을 직선으로 하지 말고 흐트러트려서 변화를 준다.
5) 삼각형으로 구성된 인물 간 간격에 변화를 준다.
6) 앉게 하거나, 기대게 하거나, 무릎을 꿇게 하거나, 일어서게 해서 높이의 변화를 준다.

무대상의 인물을 직선으로 균등한 간격을 두고 세우는 것은 피해야 한다. 그러나 줄줄이 묶인 죄인들이나 일렬종대의 군대가 등장하는 특별한 장면, 연출자의 특별한 의도가 있을 경우는 예외이다.

또 적당한 위치에 편하고 안정감 있는 소파나 안락의자가 있다고 해서 오는 사람마다 모두 거기에 앉아서 이야기한다면 이 역시 관객을 지루하게 하는 나쁜 구도이다.

레오나르도 다빈치의『최후의 만찬』은 무대에서 뛰어난 구도로 참고할 만한 좋은 작품이다. 이 그림의 중심은 예수이다. 그는 중앙에 위치하여 삼각형의 정점을 차지하고, 열두 명의 사도들은 그 좌우의 변이 되어 나란히 있다. 이 그림은 예수를 중심으로 좌우대칭으로 좋은 균형을 이루고 있다. 열두 명의 제자들은 여섯 명씩 좌우에 위치하고 세 명씩 삼각형을 이루는 그룹으로 구성되어 있다. 즉, 네 개의 삼각형이 모여 예수를 정점으로 큰 삼각형이 되어있는 것이다. 개인의 몸과 포즈나 선은 중심인 예수에게 초점이 모여져 있으면서도 각각 변화가 있다. 책상 위의 접시나 음식의 배치에도 균형과 변화가 연구되어 있다. 그 밖에 마루의 선, 책상 다리, 천정, 테이블도 색깔별로 선이 되어 그림의 구도가 전체적으로 통일을 이루고 있다. 훌륭한 구도의 가장 좋은 예로서 공간구성의 원리를 충분하게 담아낸 명화이다.

레오나르도 다빈치의 〈최후의 만찬〉

무대상의 강도

관객의 주의를 끌어내는 요인은 배우의 신체 방향, 무대상의 위치, 무대상의 이동 등이 있다. 물론 실제 공연에서는 조명의 효과나 의상 색깔 등 여러 가지 요소가 복잡하게 관련되기 때문에 단순하게 설명할 수 없다.

배우의 신체 방향에 따른 강도

관객에 정면을 향하고 있을 때가 가장 강하고, 그 반대쪽을 향하고 있을 때가 가장 약하다. 약간씩 옆으로 방향을 틀면서 뒤쪽으로 향할수록 점점 약해진다. 그런데 완전히 뒤로 향했을 때는 완전히 옆으로 향했을 때와 같은 정도의 강도로 본다.

무대 위치에 따른 강도

무대 가로선 상의 위치는 중앙이 가장 강하고, 오른쪽, 왼쪽 순으로 강하다. (오른쪽, 왼쪽은 무대에서 관객을 향해 섰을 때 오른쪽(right), 왼쪽(left)을 지칭한다)

무대 세로 선상의 위치는 앞쪽(stage down)이 강하고 뒤쪽(stage up)으로 갈수록 약하다. 즉, 관객에게 가까워질수록 강하다. 또 높이가 높을수록 강하다. 그래서 앉아있는 사람보다 서 있는 사람이 강하다. 따라서 단상에 서 있는 사람이 있다면 그 사람이 더욱 강조된다.

이런 기초 지식이 있다면 어떤 인물을 강조하고 싶을 때 쉽게 이용할 수 있다. 가로선 상에서나 세로선 상에서 무대상의 강한 위치에 서게 하면 되는 것이다. 즉, 가로선 상에서는 중앙에, 세로선 상에서는 앞쪽에 위치시키면 된다. 이 두 가지 조건이 겹쳐있는 곳이 바로 Down Center로서 가장 강력한 위치가 된다. 또 한 가지 강조하는 수단은 배우의 신체 방향이라고 했다. 관객을 정면으로 바라볼수록 강도가 높아지므로 Down Center에서 관객에 정면으로 향해있으면 더 없이 강해진다. 그러나 강하다는 것은 비교의 문제이다. 만일 Down Center 만을 이용하여 연기한다면 오히려 관객은 주의력을 잃어버리게 된다. 따라서 이와 같은 강한 위치에서는 연극의 중심적인 사건만을 연기하도록 하고, 다른 장면은 빈번하게 사용하지 않는 편이 좋다.

무대상에서 움직일 때의 강도

약한 위치에서 강한 위치로 이동하는 행동이 강하다. 따라서 어떤 인물이 관객의 시선을 끌게 하기 위해서는 약한 위치에서 강한 위치로 이동시키면 된다. 반대로 강한 위치에서 약한 위치로 이동하면 약한 행동이 된다. 이와 관련하여 정지하고 있는 인물에게 관객의 주의를 집중시키고 싶다면 원칙적으로는 다른 인물에게 강한 행동을 주지 않는 것이 좋을 것이다. 행동에 의한 강조는 무대상의 위치보다도 강력하다. 예를 들면 주인공이 Down Center에 위치하여 중요한 대사를 말하고 있다고 하면 무대상으로는 가장 강력한 위치이다. 그러나 이때 다른 인물이 Down Center를 향하여 움직인다면 관객의 주의를 움직이는 인물에게 빼앗기게 되어 대사의 중요성은 그만큼 약해져 버린다. 아무리 강한 위치에 있는 것보다 약한 행동일지라도 움직이는 것이 더 강한 느낌을 주는 것이다. 즉 위치보다 행동이 강하다는 뜻이다.

무대의 등·퇴장에 대해서는 대본의 지시에 따르는 것이 원칙이지만, 다음과 같은 지식이 있다면 편리할 것이다. 등장에서 가장 강한 것은 Up Center에서 나오는 것이다. 이 위치에서 나오는 배우는 관객을 정면으로 바라보는 자세를 취하게 되고, Down Center로 갈 수 있는 강력한 움직임이 가능하고, 무대상의 다른 인물들의 집점이 되어 한층 강조될 수 있기 때문이다. 퇴장에서 강한 것은 Down Right이다. 퇴장이 중요한 의미를 갖는 경우는 이 출구를 사용하는 것이 좋을 것이다. 또 무대의 끝에서 끝까지 한 번에 횡단하여 퇴장하는 것은 사이를 관통하는 듯한 느낌을 줄 수 있다. 일반적으로 사전에 출구 가까이 이동시킨 다음 퇴장시키는 편이 자연스러울 것이다.

행동과 대사의 관계에 대해서 간단히 살펴보면, 강한 대사는 강한 행동으로 지탱되고 한층 더 강력하게 된다. 약한 대사는 약한 행동으로 내용이 훨씬 명료하게 된다. 그러나 이것을 반대로 사용하는 것도 가능하다. 강한 대사를 하면서 약한 행동을 했다고 가정해 보자. 그러면 그 대사는 언어상의 강함에도 불구하고 내심 불안이나 불유쾌함을 암시한다. 약해야만 하는 대사도 강한 행동이 따르면 감정의 격앙 등을 나타낼 수 있다. 행동에 따라서 대사가 다르게 해석

될 수 있는 것이다.

이런 지식은 문장화하면 대단한 법칙처럼 보이기 쉽지만 사실 그렇게 고정적인 것이 아니다. 배우들에게 자유롭게 연기시켜 보면 쉽게 알 수 있는 것이다. 이것이 무대의 자연스러움이기 때문이다. 따라서 연출자는 이런 지식에 따라서 행동선을 고정불변의 것으로 결정하는 것이 아니라, 단지 행동선을 만들 때 혹은 문제가 제기됐을 때 분석의 참고 정도로 사용하는 것이 무난할 것이다.

3. 3단계 연습-역의 형상화

3단계 연습은 가장 중요한 과정이므로 가장 많은 시간을 할당해서 공들여 연습해야 한다. 이 연습의 목표는 디테일(detail)을 완성하는 단계로써, 전문적인 용어로 말하면 역의 형상화 단계이다. 따라서 연기의 구체적이고도 자세한 문제가 처음으로 크게 다루어지게 된다.

지금까지 배우는 극본을 이해하고 움직임의 기본적인 선을 기억하는 것에 노력해왔다. 그러나 이제 그 결정된 움직임 중에서 어떤 식으로 연기력을 발휘해서 자신의 역을 만들어 가느냐 하는 문제로 옮겨 온 것이다. 이 단계는 단순히 대사를 외우는 것만이 아니다. 걷는 법, 앉는 법, 표정, 손놀림, 대사 표현 등 여러 가지를 깊이 생각하고, 이해하고, 선택하고, 결정하는 것이다. 이 중에는 역할끼리의 상호 교류라는 문제도 있고, 역을 살아간다는 문제도 들어있다. 그러나 배우에 관한 문제는 별도로 자세하게 다루어야 하는 문제이므로 여기서는 연출의 관점에서 다루어지는 문제들을 생각해 보기로 하겠다.

대체로 연출가는 다음과 같은 과제를 마련해서 연습을 진행해가야 한다. 1)대사 읽기 및 암기 2)발성(목소리의 창조) 3)대사의 표현 법 4)몸짓 5)동작 이 과정은 각 항목 순으로 생각해봐야 하지만 실제 연습에 들어가면 결코 하나하나의 별개의 문제로 취급될 수는 없을 것이다. 연출가는 한 배우에게도 어떤 대사에서는 발성에 대해 주의를 주기도 하고, 다른 대사에서는 읽는 법에 대해 주의를 주기도 한다. 또 어떤 배우에게는 몸짓에 대해 시사를 주고, 또 다른 배우에게는 동작에 대해 과제를 내는 등, 반드시 일관적이지는 않은 것이다. 한마디로 총체적인 연습이 이루어지는 것이다.

연습 방법

연습은 몇 번이고 중단되면서 이른바 '반복연습'이 거듭된다. 도중에 멈추고, 반복하고, 다시 멈추고, 다시 반복하는, 세부적인 반복이 거듭되는 것이다. 이때의 극은 일단 따로따로 분해되어 사소한 동작이나 단 한 마디의 대사까지도 몇 번씩 반복된다. 따라서 배우는 반복에 짜증을 내거나 거부해서는 안 될 것이다. 반복연습은 되새김질하듯이 하나하나 차근차근 씹어 삼키듯 해야 한다. 단순한 반복이어서는 안 되는 것이다.

연기 지도

프로 극단과 아마추어그룹의 차이가 현저하게 드러나는 부분은 3단계 연습일 것이다. 아마추어 그룹이나 경험이 적은 신인배우들에게는 세세하고 구체적인 방법까지 제시해야 하지만, 전문배우에게는 단순하게 지시를 내려도 스스로 알아서 확인하고 수정할 수 있기 때문이다. 예를 들어 울고 웃는 연기가 주어진 상황과 맞지 않다고 말하면, 전문배우는 왜 다른지를 스스로 알아서 확인하고 수정하지만 아마추어 그룹이나 경험이 적은 배우는 왜 그렇게 울고 웃어야 하는지를 설명하고, 어떻게 해야 정확하게 표현될 수 있는지 기술적인 방법까지 가르치고 지도해야한다. 그래서 연출가는 훌륭한 연기교사로서의 기능과 역할도 수행할 수 있어야 하는 것이다.

대사 연기

배우가 갖추어야 할 가장 기본적인 요소는 정확한 대사 연기이다. 대사 연기가 안 되면 움직임도 몸짓도 안 될 수밖에 없다. 특히 대사를 중심으로 연기하는 우리나라 배우들에게 가장 중요한 조건은 능숙하고 유연한 대사 연기 능력을 갖추고 있어야 하는 것이다. 무엇을 어떻게 해야 자연스럽고도 정확한 대사를 할 수 있을지 깊이 있게 탐구하고 훈련하는 단계가 세부적인 형상화작업을 완성해가는 3단계 연습이다.

먼저 대사를 정확히 외워야 한다. 대본 읽기나 대사 맞추기, 또는 움직임을 만드는 연습을 통해 익숙해진 대사를 완전하게 외우고 있어야 하는 것이다. 그러나 단순하게 혼자서만 외우고 있는 것은 좋지 않다. 대사는 단순히 종이 위의 개념의 말이 아니라 어떤 인간이 하나의 환경 속에 있을 때 나타나는 행동의 말이기 때문이다. 대사 연기에서 문제가 되는 것은 작성된 말(written language)을 말하는 말(spoken language)로 얼마나 잘 옮길 수 있는가에 관한 것이다. 작성된 말은 작가가 자기의 사상이나 의도 따위를 극의 형식으로 써 놓은 말로서, 대화 투로 되어있지만 일상생활에서의 대화보다는 한결 표현력이 뛰어나고 압축적이다. 말하는 말은 연기자가 작가의 대본을 토대로 그의 대사에 생명력을 불어넣어 살아있는 말로 옮겨놓은 말이다. 따라서 말은 움직임이나 몸짓, 또는 그것을 말할 때의 주위환경이나 분위기에 어울려야 하는 것이다. 따라서 움직임이 정해지고 자신이 연기하는 인물의 환경이 구체적으로 파악되어 몸에 익혀지기 전에 무조건 외우도록 강요하는 것은 옳지 못한 연출법인 것이다.

3단계 연습에서 특별히 신경 써야 할 부분이 발성이다. 발성의 두 가지 요소는 1)목소리가 잘 들려야 하고 2)말이 명료해야 한다는 것이다. 목소리가 잘 들린다는 것은 배우의 성량과 관계된 것이다. 관객에게 들리지 않는 말은 아무런 의미가 없다. 물론 목소리의 전달은 관객석의 구조, 극장의 크기, 건물의 입지 조건, 관객의 많고 적음과 밀접한 관계가 있지만 배우의 능력에 따라 달라진다. 때문에 경험 있는 배우는 이러한 조건들을 고려해서 발성을 달리한다. 앞서 열거한 조건 외에도 무대 안쪽을 향해 이야기할 때, 음악이 등 뒤에서 흐르고 있을 때, 어두운 장면에서 관객이 입 모양을 볼 수 없을 때 목소리의 크기가 달라져야 한다. 연출가는 이러한 요소들을 고려하여 배우들의 발성 연습을 시켜야 한다.

목소리가 잘 안 들리는 것을 고치려면 우선 성량을 늘려야 한다.

물론 배우에 따라서는 신체적인 긴장을 동반하지 않고는, 또는 자신의 음성의 특성을 바꾸지 않고는 성량을 늘릴 수 없는 사람도 있다. 그러나 배우는 여하한 자신의 목소리를 남에게 들려줄 수 있어야 하고, 신체적 긴장이나 성질을 바꾸지 않고도 자신의 성량을 늘릴 수 있는 조건을 갖추고 있어야 한다. 이것은 배우에게 있어서는 기본적인 필요 조건이다.

일반적으로 무대에서의 대화는 실내에서 이루어지는 일상적인 대화보다는 큰 소리로 이루어진다. 그러나 동시에 일상적인 대화로서의 성질을 갖고 있어야만 한다. 무대상의 속삭임은 단순히 목소리를 낮추어 속삭인다고 되는 게 아니라, 목소리를 낮추어 속삭인다는 행동의 특질에 의해 형성되는 것이다. 목소리가 작은 사람이나 음역에 고저가 없는 사람은 배우가 될 수 없다. 연극사상 위대한 극작가로 남아있는 그리스의 소포클레스나 러시아의 고골은 목소리가 좋지 않아 배우가 되는 것을 단념하고 극작가가 되었다고 전해지고 있다.

그렇지만 목소리가 잘 안 들린다는 것은 문제의 부분일 뿐이다. 발음, 장단음, 억양, 속도, 강조, 템포와 리듬, 사이(Pause) 등의 부정확성으로 인해 목소리는 들리지만 무엇을 말하는지 알아듣지 못하는 경우도 허다한 것이다. 연출가는 배우가 읽는 대사 하나하나를 주의 깊게 듣고 이러한 말의 명확성에 대해서도 세세하게 살펴야 한다. 극본을 연구하고 인물들의 행동을 명확하게 파악하여 어떤 대사를 강조해야 하는지, 사이(pause)는 어디에 두어야 하는지, 어느 정도의 빠르기로 해야 하는지, 템포와 리듬은 어떤지 등에 대해 배우에게 정보를 제공하고 조언해야 하는 것이다. 이 외에도 대사는 문법적, 심리적, 관습적, 상식적 기본원칙들이 있다.

몸짓과 움직임의 형상화

몸짓이란 단순히 손을 흔들거나 어깨를 움츠리는 동작만을 말하는 것이 아니라 하나의 생각 또는 감정을 나타내기 위해 몸과 손발을 사용해서 배우가 형성하는 하나의 자세 전체를 말한다. 젊고 경험이 없는 배우는 무턱대고 몸을 움직이고 싶어 한다. 연출가는 의미가 없는 몸짓은 있을 수 없다는 것을 그들에게 알려줘야 한다. 또 경험이 적은 배우는 작고 거의 눈에 띄지 않는 몸짓을 많이 한다. 이것도 무의미하다. 몸짓은 폭과 넓이를 가진 당당한 것이어야 한다. 아마도 실생활에서의 몸짓보다는 다소 과장된 것일 것이다. 경험 많은 배우는 특별한 이유가 없는 한 무대 안쪽의 손을 사용하며 몸짓을 수행한다. 그것은 손의 움직임이 관객의 시선에서 가리는 것을 피하기 위해서이다. 오른쪽을 향해 앉아있는 배우가 찻잔을 손에 들 때는 왼손을 사용하는 것도 똑같은 이치이다. 오른손을 사용하면 손이 몸의 선을 끊어 모처럼 잡은 자세를 무너트릴 수 있기 때문이다.

동작이란 형상화해야 할 역의 인물을 자신의 해석에 기초하여 연기해낼 의도를 갖고 행해지는 동작 일반을 말한다. 동작은 극작가에 의해 각본 속에 암시되어 있기도 하다. 동작은 종종 연출자나 배우에 의해 창조되어 인물의 성격이나 생활의 특징을 나타내기 위해 더해지기도 한다. 노련한 여배우는 앉은 상태에서 조용히 긴 장면을 연기할 수 있다. 그러나 연기력이 없는 여배우에게 뜨개질을 시키거나, 담배를 피우게 하거나, 콩 껍질을 벗기는 등의 행동으로 그 연기를 보조할 수 있다. 물론 이것은 그 인물이 그런 동작을 해도 이상하지 않은 경우에 한한다. 그러나 어쨌든 연출가는 무언가 적당한 동작을 줌으로써, 배우의 연기를 자연스럽게 만드는 것도 필요하다.

요컨대 연출가는 3단계 연습에서 세부적인 사항들을 바탕으로 배우가 스스로 신체를 최대한 활용하여 역할을 창조할 수 있도록 도와야 한다. 연출가는 배우의 영감에 의지해서는 안 된다. 훌륭한 연기는 결코 우연에서 나오지 않는다. 훌륭한 연기는 의식적으로 거듭된 세부 과제의 반복이 배우의 몸속으로 침투했을 때 비로소 태어나는 것이다.

연기의 기본적인 법칙

예로부터 전해지고 있는 연기의 기본적인 법칙이 있다. 물론 완벽한 것도 아니고, 절대불변의 법칙도 아니다. 물론 이런 법칙의 존재를 전혀 인정하지 않는 연출가나 배우도 있다. 그러나 연기라는 것이 무대에서 관객에게 무언가의 효과를 낳아야 하는 것인 이상, 이런 전통적인 연기의 법칙이 있다는 것도 알아야 할 것이다.

기본적으로 배우는 관객과 마주하게 되어있다. 일반적으로 가장 많이 사용되는 프로시니엄무대의 경우 4개의 면을 갖고 있다. 이와 같은 프로시니엄무대일 경우 관객은 보통 한쪽으로 앉아있으므로, 배우의 연기는 당연히 관객 쪽을 향해야 한다. 물론 돌출무대나 원형

무대는 이와 다르다.

무대는 가령 실내를 나타내고 있을지라도 결코 실제로 사용하고 있는 방의 배치와는 같지 않다. 가구도 무대의 인위적인 조건에 일치하도록 배치되어 일종의 현실감을 갖고 있을 뿐이다. 또 특별한 경우를 제외하고는 대부분 관객석을 향해 놓여있다. 연기도 이와 마찬가지로 관객석을 향해 이루어져야 한다. 그렇다고 항상 관객석을 향해 서서 관객만을 보며 연기하라는 것은 아니다. 단지 특별한 경우가 아니라면 등을 보이는 것보다 관객과 마주하는 것이 표정을 풍부하게 보일 수 있고, 대사 전달도 잘 된다는 것이다. 따라서 특별한 이유가 없는 한 배우는 관객에게 등을 보이며 서지 말아야 한다. 또 기본자세는 관객석을 향해 정면보다는 약간 사선이 되게 위치를 잡는 것이 안정감 있고, 편안하고, 자연스럽다. 몇 가지 법칙을 제시한다.

1) 객석을 향해 몸을 돌려라.

돌아볼 때, 혹은 몸을 돌려 움직일 때(turning)는 원칙적으로 관객에게 등을 보이지 않도록, 즉 관객석 쪽을 향해 몸의 방향을 돌려 움직인다. 왜냐하면 앞의 내용과 같이 관객에게 등을 향하며 돌면 배우의 자세가 약해지고, 극의 템포가 느려질 수 있기 때문이다. 하지만 돌아보면 그곳에 그의 생명을 노리는 적이 있다든가, 중요한 대사를 금방 되받아쳐야만 할 경우는 이 법칙을 따르지 않되, 빠르게 뒤돌아서 몸을 돌려야만 한다.

2) 서 있을 때는 객석 쪽(down stage)의 발을 약간 뒤로 뺀다.

이것은 객석 쪽으로 몸이 열리도록 하기 위한 자세이다. 가령 왼쪽(상수)을 향해 서 있을 때는 오른발을 약간 끌어서 자연스럽게 몸이 객석을 향하게 한다.

3) 움직일 때는 움직이려고 하는 쪽에 있는 발부터 내딛어라.

만약 배우가 의자의 오른편에 서 있다가 의자 쪽으로 간다고 하면, 왼발이 가까운 쪽의 발이 된다. 배우는 오른발에 중심을 두고 있다가 곧 왼발을 내딛게 할 수 있도록 해야 한다. 만약 오른발부터 내딛게 되면 오른발의 움직임이 몸 균형을 무너트려 보기에 좋지 않은 움직임이 된다. 이는 다음에 설명되는 후면무대(up stage)쪽의 발을 움직여야 한다는 법칙과 상통하는 설명이다.

4) 무대에 등장할 때는 무대안쪽(후면무대)의 발부터 움직인다.

이것도 배우가 객석을 향한 자세로 움직이도록 하려는 연구이다. 오른쪽(하수)에서 등장할 때는 왼발, 왼쪽(상수)에서 등장할 때는 오른발을 움직인다. 이 원칙은 장면이 실내일 때는 특히 주의할 필요가 있다. 퇴장할 때도 마찬가지의 원리가 적용된다.

5) 무릎을 꿇을 때는 객석 쪽의 다리를 꿇어라.

이것도 자연스럽게 관객석으로 얼굴을 향하게 하려는 의도임과 동시에 의상과 몸의 선을 아름답게 보이게 하기 위함이다. 외국의 고전극에서는 무릎을 꿇거나 발을 뒤로 끌거나 하는 인사가 자주 나오므로 주의를 요한다.

6) 먼저 말하는 인물은 나중에 등장시켜라.

둘 이상의 인물이 함께 등장하는 경우, 먼저 말하기로 되어있는 인물은 맨 나중에 등장시킨다. 이것은 그 인물이 자연스럽게 전방(객석)을 향해 말할 수 있도록 하기 위함이다. 선두에 서서 등장해버리면 대사를 할 때 뒤를 보며 말하게 되므로 대사 전달이 잘 안될 뿐만 아니라 보기에도 좋지 않다.

7) 시선을 말하는 사람에게 향하라.

일반적으로 관객의 시선은 배우의 시선을 따라간다. 따라서 배우는 말하고 있는 인물에게 시선을 주고, 그 이야기를 듣고 있다는 것을 명확히 해야 하며, 동시에 관객의 주의를 말하는 사람에게 집중될 수 있도록 해야 한다. 물론 말하는 사람의 이야기를 건성으로 듣고 있다는 설정일 경우는 다르다.

8) 몸짓(제스처)이 말보다 앞서 이루어진다.

몸짓과 말이 동시에 나와야만 할 경우, 몸짓이 먼저 행해진다. 가령 손으로 문을 가리키며 '나가!' 라고 외칠 때, '나가' 라고 외치고 나서 문을 가리키면 어색하다. 이는 말보다 몸짓이 강하기 때문이다.

9) 손짓은 무대 안쪽의 손으로 해라.

배우가 무대에서 보통의 자세를 취하고 있을 때 안쪽의 손으로 몸짓을 하는 것이 몸 전체를 자연스럽게 보여주는 자세가 된다. 객석 쪽의 손으로 하면 표정을 가려버릴 위험이 있다. 그래서 앞의 '나가!'의 경우, 오른손이 안쪽의 손이 되도록 배우의 배치를 생각할 필요가 있다. 왼손잡이인 사람이라도 왼손으로 문을 가리키는 것은 오른손보다 약한 느낌을 줄 수 있다.

이러한 법칙들은 이 외에도 더 있을 것이다. 그러나 반드시 지켜야만 하는 절대적인 사항은 아니다. 의도적으로 법칙을 벗어나 보다 멋진 무대효과를 만들어낼 수도 있다. 그러나 무대 전체가 하나의 약속인 이상 이 법칙 전부를 무시한 연기는 생각할 수 없다. 의식적으로 그런 전통적인 약속을 깬다는 것과 모르고 그것을 하지 않는 것 사이에는 큰 차이가 있다. 그런 의미로 배우에게 연기의 기본적인 원칙에 대해 알려주는 것은 현명한 일이다.

4. 4단계 연습-마무리

극 전체의 통일적 완성

아무리 연습 기간이 길어도 3단계 연습이 충분하다는 생각을 갖는 연출가는 없을 것이다. 대사가 아직 잘 안되고, 움직임이 자연스럽지 못하고, 동작이 어색하고, 움직임의 구도가 잘 이루어지지 않는 등등, 연출가는 여러 가지가 불만족스러울 것이다. 여전히 다듬고, 수정하고 싶은 점이 남는 법이다. 그러나 어느 시점에는 세부 형상화 작업을 일단락지어야 한다. 적어도 3회 내지는 5회의 전체 연습을 갖고 극의 통일적인 마무리 작업으로 들어가야 하기 때문이다.

4단계 연습은 우선 이야기의 줄거리가 명확한지, 강조와 균형은 잘 잡혔는지, 템포는 적절한지, 앙상블은 잘 이루어지고 있는지 등을 검토하여 작품의 완성도를 높여야 하는 연습단계이다. 따라서 가능한 실제무대와 가까운 조건에서 이루어져야 한다. 효과음이나 음악도 들어가고 소도구도 갖춰야 한다. 기둥에 기댄다든가, 문에 기대어 우는 장면이 있으면 기댈 수 있는 기둥이나 문이 준비되어야 한다.

또 지적사항이 있더라도 연습 도중에 연습을 중단해서는 안 된다. 배우에게 지속적인 연기의 경험을 할 수 있도록 장이나 막의 한 단위로 연습해야 한다. 흔히 '관통연습(run through)' 라고 하는 연습 방법을 말한다. 이때 연출자는 오케스트라의 지휘자처럼 연주 전체의 앙상블에 집중해야 한다. 세부적으로 아직 불충분한 점이 남아있어도(언제나 남아있을 수밖에 없지만) 크게 신경 쓰지 말고 극 전체의 공연 효과가 어떤지를 검토해야 한다. 오케스트라의 지휘자가 마무리 연습단계에서 각각의 음을 어떻게 연주할지를 연주자 한 명 한 명에게 지적하려고 연습을 중단하지 않는 것처럼 연출자는 형상화가 불충분한 부분을 일일이 가르치기 위해 연습을 중단해서는 안 되는 것이다. 관객이 주시하는 것은 공연의 전체적인 인상이지, 세세한 부분이 아니기 때문이다. 물론 세세한 부분이 모아져 전체적인 통일을 이루는 극의 밀도감을 부정하는 것은 아니다. 세세한 부분이 잘못되었을 때는 그다지 치명적이지 않지만, 전체가 지루하고 어설픈 인상을 주면 치명적일 수밖에 없다는 단순한 논리를 설명한 것이다.

연습 방법

관통 연습은 보통 두 가지 방법이 있다. 하나는 바꾸거나 고쳐야 할 필요가 있는 각 부분(지적한 부분)을 메모해서 연습이 끝났을 때 배우에게 주지시키는 방법과 연습 진행 중에 작은 목소리로 주의를 주어 해당 부분의 연기를 바꾸도록 하는 방법이다.

전자일 경우, 메모는 연출자가 직접 해도 좋고 아니면 조연출에게 구술해서 필기하게 할 수도 있다. 그러나 그다지 중요하지 않은 지적을 지나치게 많이 내놓는 것은 배우가 혼란스러워하므로 피하는 것이 현명하다. 경험이 적은 배우는 많은 지적을 받으면 아무것도 할 수 없는 무지의 상태로 갈 수도 있다. 따라서 정말로 중요하다고 생각한 것만을 중점적으로 지적함으로써 배우의 주의집중을 흐트러트리지 않는 것이 중요하다.

후자의 경우는 배우가 감각적으로 받아들일 수 있는 경험이 많은 배우일 때 가능하다. 가령 어느 긴 대사를 배우가 말하고 있을 때 옆에서 '빠르게 빠르게' 라든지, '거기서 사이' 라든지, '그대로! 움직이지 말고!' 라든지, '좀 더 오른쪽으로!' 라든지 하는 등 작은 목소리로 주의를 주는 것이다. 이때 연출자는 연기의 진행에 방해가 되지 않도록, 조용히 위치를 바꾸면서 임무를 수행해야 한다. 또 사전에 연습 방법을 주지시켜야 한다.

앙상블

연기의 앙상블은 연출가가 서로 협력하여 하나의 공통성과를 무대에 만들어내기 위해 노력하는 것이다. 배우들은 각각 어떻게 상대의 대사를 들어야 하는지, 어떻게 하면 자신들의 역을 통해 극의 주제를 무대에 형상할 수 있을지를 고심해야 한다. 여기서 다시 희곡의 테마와 색채, 선의 감각, 각 역할과의 관계들이 문제가 된다. 같은 작품을 어떤 사람은 비극으로 연기하고, 어떤 사람은 희극으로 연기하는 분열이 있어서는 안 된다. 연출가는 하나의 연극을 연출해야만

하는 것이다. 여기서 통일성과 일관성이 제기된다.

통일성(unity)은 모든 예술의 일반적인 원칙중의 하나이다. 예술은 '통일성 속의 다양성' '다양성 속의 통일'을 지향한다. 즉 하나의 주요한 상황 속에 여러 개의 구성이 질서정연하게 개입되어 있거나, 여러 개의 구성을 하나의 주요한 상황이 이끌어간다면 훌륭한 통일성을 이루는 것이다. 모든 예술 중에서 통일성은 최초로 습득되어진 기술 중의 하나였다. 아리스토텔레스가 주장한 희곡의 3일치법은 현대에는 무의미한 법칙이지만 통일성의 하나이다. 산만함, 느슨함, 결합의 방해 또는 부적절한 결합, 주제의 혼선 등이 시간에 의해 통일되고, 여러 개의 구성을 하나의 주요한 상황이 이끌어 가면 통일성을 방해하지 않게 된다. 통일성을 지키지 않는 작품은 관객을 싫증나게 한다.

일관성(coherence)은 각 부분의 상황이 앞으로부터 개발되고 발전된다는 점에서 통일성과 밀접한 관계가 있다. 각 부분의 관계에서 논리성과 개연성을 요구한다는 점에서 등장인물의 동기(motivation)로부터 생성된다고 볼 수 있다. 따라서 통일성과 일관성이 없으면 앙상블은 이루어지지 않는다.

피스의 재확인

희곡을 연출상의 피스로 나누는 중요성에 대해서는 이미 제 V장에서 논한 바 있다. 배우는 극본을 피스로 분해함으로써 자신이 연기하는 인물의 행동 논리를 파악하고 그것을 바탕으로 역할에 살을 붙여 형상화한다. 그러나 자신이 연기하는 인물에 익숙해지게 되면 자신도 모르게 인물의 형상화에 기본이 되는 행동의 선을 잊어버리고 그저 단순한 연기만 기계적으로 반복하는 경향이 있다. 즉 매너리즘에 빠져버리는 것이다. 따라서 연출가는 이 단계에서 피스로 나누어 파악한 행동의 논리가 무대상에 배우의 연기(행동)로 적확하게 반영되고 있는지를 주의 깊게 관찰할 필요가 있다.

사이, 움직임, 동작, 강조의 변화, 템포의 변화, 또는 목소리의 높이 변화 등이 역할의 행동 논리와 결부되어 행해지고 있는지, 그런 행동 논리의 전개를 돕기 위해 도움이 되고 있는지를 한 번 더 검토해보는 것이 필요하다.

무대연습

전체 연습이 끝나면 당연히 무대연습이 행해진다. 무대연습은 장치, 조명, 소도구, 의상 또는 메이크업까지 가능한 한 진짜 공연과 같은 조건 속에서 이루어진다. 본 공연과의 차이는 관객이 없다는 것뿐이다. 무대연습은 대개 테크니컬 리허설(Technical Rehearsal), 드레스 리허설(Dress Rehearsal)로 이루어진다. 테크니컬 리허설은 무대장치가 완료된 상태에서 주로 음향과 조명을 중심으로 위치, 방향, 크기, 길이, 밝기, 색 등 기술적인 내용들을 배우와 함께 맞춰보면서 수정·보완하는 연습이다. 드레스 리허설은 배우들의 의상까지 갖춘 연습으로서 실제 공연과 유사하지만, 관객은 없다. 무대연습은 무대감독의 큐 사인(cue sign)에 따라 진행된다. 또한 프리뷰(Preview;시연회)도 넓은 의미에서 연습이지만 관객이 있다는 점에서 본 공연으로 봐야 한다. 요즘은 본 공연의 한 부분으로 편성하여 홍보를 위한 이벤트로 활용되는 경우가 많다.

연습내용과 공연내용

무대연습 시 연출가는 연습 된 내용을 갑자기 바꾸거나, 없었던 내용을 갑자기 추가해서는 안 된다는 것을 배우들에게 인지시켜야 한다.

배우에 따라서는 영감을 얻었다든가, 인물의 내적 세계를 체득했다, 라든가 하면서 공연 중 갑자기 대사의 일부를 바꾸거나 동작이나 움직임을 바꾸는 사람이 있다. 그러나 이것은 극 전체의 앙상블을 깨는 위험한 일이다. 만약 움직임이나 대사를 바꾸는 게 낫다고 생각될 때는 미리 연출자 혹은 관련된 배우와 상담하여 서로 납득한 후 바꿔야 한다. 이는 음향, 조명, 소품 등 모든 분야의 스태프도 마찬가지이다.

일반적으로 훌륭한 배우란 연습 과정에서 만들어진 연기를 공연마다 유사한 페이스와 리듬으로 재현할 수 있는 배우이다. 훌륭한 배우는 넥타이나 손수건, 반지 같은 부수적인 장신구 하나라도 함께 무대에 나가는 사람들의 양해를 얻지 않고는 바꾸지 않는다. 미리 바꿀 물건을 보여주고, 그것이 무대에서 일으킬지도 모르는 자극을 피하는 것이다. 가령 말없이 넥타이를 바꾸고 나왔다고 하자. 그리고 그 장면에 나온 사람 중 하나가 문득 그것을 눈치채고 '어? 새로운 넥타이를 하고 있네. 어떻게 된 걸까?' 라든가 '오늘이 처음이 아닐지도 몰라. 언제부터 바뀐 걸까?' 라는 생각을 순간적으로라도 하게 되면 연습 중에 만들어진 템포나 리듬에 그만큼 차질이 발생할 수 있는 것이다. 극단적인 경우에는 실수를 유발할 수도 있다.

커튼콜

커튼콜도 공연의 일부이다. 따라서 무대연습 시 연습해두어야 하는 중요한 공연내용 중의 하나이다. 커튼콜 연습이 안 되어 무대 위에서 배우가 당황하여 우왕좌왕하고 있는 모습은 결국 공연내용에 욕보이는 꼴이 된다. 지나치게 경직된 모습으로 서 있다든가, 쑥스러워한다든가, 아는 관객과 인사를 나눈다던가, 무대 끝부분에서 쭈뼛거리면서 서로 밀고 당기는 모습을 보인다든가 하는, 정리되지 않은 커튼콜은 관객에게 대한 예의가 아니다. 밝고, 질서정연하고, 세련되면서 아름답고 멋진 모습으로 관객의 박수를 받도록 사전에 준비하고 연습할 필요가 있는 것이다.

커튼콜은 원래 외국에서 들어온 습관인데 외국에서는 대체로 막이 끝날 때 등장했던 배우들이 먼저 인사하고, 다음은 마지막 막의 배우들, 그리고 배우 전원이 함께 인사한 다음, 주연배우 또는 중요한 배우들이 인사한다. 이때 다른 배우들은 뒤로 물러서거나 조용히 퇴장한다. 커튼콜에서 여러 번 인사할 경우, 무대에 남아있는 주연배우가 퇴장한 배우들을 불러낸다. 별로 박수도 없는데 막을 올려 배우들이 줄줄 나와서 늘어설 때까지 관객을 기다리게 하는 것은 실례이다. 정말로 감격했다면 관객은 두 번이든 세 번이든 커튼콜을 요구할 것이다. 'Curtain Call'이라는 말의 뜻이 그렇듯 커튼콜은 관객의 호출에 응해 이루어져야 하는 것이다.

끝으로 무대연습에서 연출가가 생각해야 할 기본적인 문제 몇 가지를 정리해보고자 한다. 물론 작품의 내용, 무대 조건, 공연의 성질에 따라 다르겠지만 최종적인 마무리라는 점에서 반드시 실행해야 할 과제이다.

1) 연출 노트와 대조하여 연습 과정에서 결정한 내용들이 무대에 충분하게 표현되었는지를 검토한다. 연출 노트와 대조하면 정확하게 검토할 수 있을 것이다.

2) 객석의 여러 위치에 서서 다양한 각도로 무대를 바라보며 인물의 배치, 움직임의 구도, 대사의 전달 등을 검토해본다.

3) 무대장치를 도면과 대조하여 출입구, 조명기의 위치, 가구의 배치 등을 살펴본다.

4) 배우가 무대상의 행동에 주의를 기울이는지, 특히 대사가 없을 때는 어떻게 움직이는지 주목하여 관찰한다.

5) 손이 많이 간 공들인 마무리보다는 단순화한 '강함'을 표현하도록 한다.

6) 다양성 속의 통일, 통일성 속의 다양성을 견지하면서 변화와 균형에 주의한다.

7) 배우의 움직임이 적거나 너무 작아서 무대에 죽은 공간이 생기지

않도록 한다.

8) 무의미한 과장이나 목적 없는 움직임을 절제하고 크고 대담한 움직임을 주문한다.

9) 배우가 제4의 벽, 즉 관객석 쪽을 의식하지 않도록 주의한다. 이것을 의식하면 어색한 연기가 되거나, 반대로 관객을 겨냥한 과장된 연기가 되기 때문이다.